Édition : BoD · Books on Demand, 31 avenue Saint-Rémy, 57600 Forbach, bod@bod.fr
Impression : Libri Plureos GmbH, Friedensallee 273, 22763 Hamburg (Allemagne)

ISBN : 978-2-8106-2660-1
Dépôt légal : février 2025

Du même Auteur :

- La formation des aviateurs de la Royal Air Force et du Commonwealth 1934 - 1945. Histoire, programmes et matériels. ISBN 978-2322541973.

- Chasseurs de nuit et *Intruders* de la Royal Air Force contre la Luftwaffe : La première guerre électronique aérienne, 1939 - 1945. ISBN 978-2322540396.

- Notes à l'intention des Pilotes pour différents appareils de la Royal Air Force (voir liste en fin d'ouvrage).

Table des matières

AVERTISSEMENT 3

INTRODUCTION 4

    Abréviations principales 4

    Compléments sur les Mosquito de chasse de nuit...............4

    Une interception de nuit en trois phases 5

    Les premiers radars air-air britanniques pour la chasse de nuit............6

NOTES pour les PILOTES
de MOSQUITO FII, NFXII, NFXIII, NFXVII & NFXIX 7

Bibliographie sommaire sur le Mosquito et sur les radars air-air 55

Quelques titres de cette série 56

AVERTISSEMENT

Ces Notes à l'intention des Pilotes ont bien évidement été traduites uniquement pour leur intérêt historique et ne doivent en aucun cas être employées pour le vol sur de vrais avions (pour les rares lecteurs qui ont la chance de posséder un Halifax, un Hamilcar ou autres Spitfire dans leur jardin !). Ces manuels étaient constamment tenus à jour et il a fallu choisir de traduire une version particulière qui n'est quasiment jamais la publication la plus récente. La version traduite est donc une sorte de "photographie" dans le temps. Souvent, le choix de la version a été imposé par le peu de documentation ayant survécu ou par l'histoire particulière d'un avion.

Par contre, l'usage de ces manuels avec des simulateurs de vol peut permettre de vérifier le réalisme des logiciels et apporter une nouvelle dimension à cette activité, par exemple en suivant strictement les procédures recommandées.

INTRODUCTION

Les lecteurs intéressés trouveront les conventions de traduction ainsi que l'histoire des manuels à l'intention des Pilotes dans **l'ouvrage de cette série consacré au Tiger Moth** [1] : la plupart des pilotes formés pendant la guerre ayant débuté sur cet avion, il a paru logique qu'il serve de base pour cette série de manuels.

Abréviations principales

AP : Air Publication (Publication *[du Ministère]* de l'Air britannique).
PN : Pilot's Notes (Notes à l'intention des Pilotes).   RAF : Royal Air Force.
TNA : The National Archives (UK) : Archives Nationales britanniques.

Compléments sur les Mosquito de chasse de nuit

La première version de chasse de nuit, le Mosquito NF II, a été mise en service au début de 1942 au sein du 157ème Escadron, le premier vol opérationnel étant effectué dans la nuit du 27 au 28 avril. Ces avions étaient équipés d'un radar métrique AI Mk IV, mis en service d'abord sur des Beaufighter en 1940. Ces avions avaient l'interdiction formelle de franchir la Manche pour éviter que ce matériel secret ne tombe entre les mains des Allemands. Les appareils affectés aux missions *"Intruder"* (de pénétration en territoire ennemi) étaient donc dépourvus de radar jusqu'à mi-1943.

La version ultime du Mosquito de chasse de nuit utilisée pendant la guerre par seize Escadrons, la Mark 30 avec un radar centimétrique AI Mk X, a été mise en service en juin 1944 et a été remplacée après-guerre par la version NF.36.

Le poste de pilotage du Mosquito était relativement étroit, et l'équipage devait faire preuve d'inventivité pour caser le matériel dont il avait besoin. Avec le récepteur et l'écran radar devant lui, l'Opérateur radar n'avait pas de table pour étaler une carte ou tenir son registre de navigation : les genoux et une lampe-torche (qu'il ne fallait pas laisser tomber !) étaient utilisés. Certains inventaient leurs propres techniques de pliage ou de déroulement des cartes, se servaient d'un grand crayon comme règle de mesure en y faisant des entailles à l'échelle des cartes ou adaptaient les formulaires officiels de navigation pour qu'ils tiennent moins de place. Le plus souvent, c'était le Pilote qui assurait la navigation, l'Opérateur ayant les yeux rivés sur ses écrans radar.

Le Mosquito volait relativement bien sur un seul moteur, ce qui a permis à de nombreux équipages de revenir, parfois sur des centaines de kilomètres. L'évacuation en cas d'urgence n'était pas très facile. Ses seules autres faiblesses étaient une légère tendance à embarquer à gauche au décollage sous l'effet de couple, la fragilité du contreplaqué en cas d'amerrissage, et la vulnérabilité du système de refroidissement par liquide des moteurs lors des combats.

---

[1] *"Notes pour les Pilotes de Tiger Moth T. Mk. 2"*, ISBN : 978-2322561292.

Une interception de nuit en trois phases

Au début du développement des radars air - air, les Britanniques espéraient que l'emploi d'un radar embarqué à bord d'un chasseur suffirait pour intercepter de nuit les bombardiers ennemis. Les radars air-air de l'époque avaient une portée maximale bien trop courte pour qu'un chasseur patrouillant au hasard ait une probabilité raisonnable de voir apparaître une cible sur ses écrans (bien que parfois des équipages ont tenté leur chance en faisant de la chasse de nuit au radar, en "freelance" dans le jargon de l'époque). Il fallait par conséquent qu'un radar au sol les guide jusqu'à ce que leur radar embarqué se trouve à distance correcte. D'autre part, les radars air-air étaient incapables de détecter quoi que ce soit dans une zone d'environ 300 mètres en avant du chasseur. L'interception devait donc se faire en trois phases successives :

1. **Le guidage du chasseur vers sa cible par une station radar au sol** (dite station GCI (*Ground Controlled Interception*)) ;

2. **L'approche du chasseur en se basant sur les indications de son propre radar air-air jusqu'à la détection visuelle de la cible** ;

3. **L'approche finale pour identifier l'objectif et se placer en position de tir**. Les ordres étaient très stricts : aucun tir n'était autorisé sans confirmation visuelle de l'identité de la cible.

On pourrait aussi ajouter une phase préalable puisque les stations GCI étaient prévenues par téléphone de l'approche d'un avion inconnu ou hostile par le réseau des stations radar longue distance.

En octobre 1940, les premiers essais d'une station radar GCI (*Ground Controlled Interception*) sont réalisés à partir du site de Durrington dans le Sussex et sont un succès. Dès janvier 1941, cinq stations GCI sont opérationnelles, et ce chiffre passe à une trentaine à la fin de l'année. [2] Cette formule se révèle efficace et elle est répliquée ensuite pour protéger les armées d'invasion en Sicile ou en Normandie, avec des navires porteurs de station GCI. Par exemple, dans les vingt nuits qui ont suivi le débarquement en Normandie, ces navires ont guidé près de 420 chasseurs lors d'interceptions : 267 cibles se sont révélés être des avions alliés, et 24 appareils allemands ont été abattus (plus deux probables). [3]

Entre juillet et septembre 1940, la chasse britannique n'a revendiqué que 16% des appareils allemands abattus de nuit. Grâce à l'emploi de chasseurs plus performants, au développement des radars et des procédures, cette part s'est peu à peu accrue, atteignant 67% durant l'année 1944. [4]

---

[2]   Annexe n°13 du document *"The Air Defence of Great Britain, Volume III"* de l'Air Historical Branch - Ministère de l'Air britannique.

[3]   Annexe 46 de l'Air Publication 3237 *"Signals - Volume IV : Radar in raid reporting"* de l'Air Historical Branch - Ministère de l'Air britannique, 1950.

[4]   Données des volumes III et V de la monographie *"The Air Defence of Great Britain"* et de l'annexe I de la monographie *"Balloon Defences 1914-1945"* de l'Air Historical Branch - Ministère de l'Air britannique.

Les premiers radars air-air britanniques pour la chasse de nuit

Dès 1936, une petite équipe de scientifiques britanniques a commencé à travailler sur la miniaturisation des composants pour embarquer un radar dans un avion. Le premier radar air-air utilisé en grand nombre en opérations était l'AI (Airborne Interception) Mk. IV, mis en service mi-1940. L'opérateur radar disposait de deux écrans d'à peu près 7 cm de diamètre : celui de gauche permettait d'estimer la distance et l'élévation de la cible par rapport au chasseur, et celui de droite permettait de déterminer la distance et l'azimuth de la cible. Les images étaient rafraîchies 25 fois par seconde et ressemblaient aux schémas ci-dessous (dans une teinte verdâtre tremblotante plus ou moins floue et bien souvent avec beaucoup d'interférences). [5] On notera qu'il n'y avait aucune échelle sur ces écrans. Sur cet exemple, une cible a été détectée à environ mi-distance de la portée maximale de détection (disons 3 km), au-dessus et à droite du chasseur puisque :

- Sur l'écran de gauche, l'antenne supérieure montre un signal plus fort que celui de l'antenne inférieure.
- Sur l'écran de droite, l'antenne du côté droit capte un signal plus important que l'antenne du côté gauche.

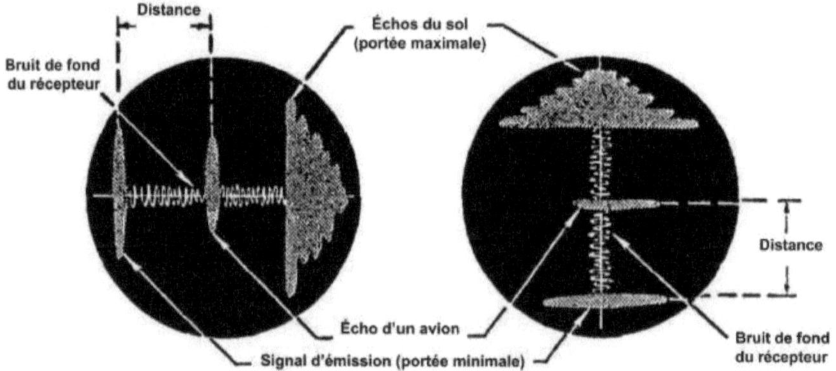

Les radars air-air jusqu'à l'AI Mk VI étaient des radars "métriques" avec une longueur d'onde de l'ordre de 1,5 mètres (fréquence 200 MHz). Les antennes d'émission et de réception étaient fixes. Portée maximale : 5,6 km.

Grâce à la mise au point du magnétron qui permettait de décupler la puissance d'émission, les Britanniques disposent à partir de mars 1942 de radars "centimétriques" à partir de l'AI Mk VII : fréquence 33 GHz ; longueur d'onde 9 (puis 3) centimètres. La même antenne sert à l'émission et à la réception, et elle tourne pour balayer le ciel devant l'avion. Portée maximale : 10 km.

---

[5] Schémas et données de la Publication de l'Air 1093D, Volume I *"Introductory survey of radar - Part II"* de 1946. Représentation typique des écrans d'un AI Mk. IV (Figure 3 du chapitre I).

NOTES POUR LES PILOTES DE
MOSQUITO FII, NFXII, NFXIII, NFXVII & NFXIX

Moteurs MERLIN 21, 23 ou 25

RÉVISIONS

À mesure des besoins, des listes de révisions seront publiées.

Ces listes seront enduites de colle pour que l'on puisse les fixer à l'intérieur de la couverture du livre.

Chaque liste de révisions comprendra toutes les mises à jour récentes et, si nécessaire, des feuillets à coller aux endroits voulus dans le texte.

On devra certifier l'insertion d'une liste de révisions en inscrivant ci-dessous la date de l'entrée et les initiales de la personne ayant effectué cette mise à jour.

LISTES N°	INITIALES	DATE
1 et 2	Incorporées par cette réimpression	

NOTES POUR LES UTILISATEURS

Cette publication se divise en cinq parties : Description, Pilotage, Caractéristiques, Situations d'Urgence et Illustrations.

La première partie ne donne qu'une brève description des commandes avec lesquelles le pilote devra se familiariser.

Ces notes complètent la Publication A.P.2095 – *"Notes générales pour les Pilotes"* et supposent une parfaite connaissance de son contenu. Tous les pilotes devraient être en possession d'un exemplaire de la Publication A.P. 2095 (voir A.M.O. A93/43). [6]

Les mots en lettres capitales indiquent les marquages tels qu'ils existent sur les commandes correspondantes.

Des exemplaires supplémentaires peuvent être obtenus à l'A.P.F.S. *[Air Publications and Forms Store]*, Fulham Road, S.W.3, en portant sur le formulaire R.A.F. 294A, en double, le numéro de cette publication en toutes lettres : AP. 2019B, G, H, K & R – P.N.

Les commentaires et les suggestions devront être transmis par la voie hiérarchique au Ministère de l'Air. (D.T.F.).

---

[6] Ordre du Ministère de l'Air, catégorie "Administrative". Le Ministère avait une production prolifique d'ordres de ce type : 476 en 1938, et 1.205 en 1945 !

---

[7] Cette photo est assez étonnante car elle montre l'antenne émettrice (sur le nez de l'avion) et les antennes de réception (sur et sous les ailes) du radar AI Mk IV, alors que sur un document à "diffusion restreinte", ces équipements secrets auraient probablement dû être floutés (voir la Figure I). Ceci dit, en juin 1944, date de cette réimpression, le radar AI Mk IV était dépassé par les radars centimétriques.

Ministère de l'Air   PUBLICATION DE L'AIR 2019B, G, H, K & R - P.N.
Août 1943   *Notes à l'intention des Pilotes*
(Réimprimé en janvier puis juin 1944)

NOTES POUR LES PILOTES DE MOSQUITO
Mark F II, NF XII, NF XIII, NF XVII & NF XIX
2ème Édition. Cette édition remplace toutes les versions précédentes.

TABLE DES MATIÈRES

Ière PARTIE : DESCRIPTION

INTRODUCTION   **Paragr.**

CIRCUITS DE CARBURANT ET D'HUILE

Réservoirs de carburant	1
Mise sous pression *[des réservoirs]* du carburant	2
Pompe immergée du carburant	3
Jauges du carburant	4
Voyants d'alarme de pression du carburant	5
Système d'amorçage	6
Circuit d'huile	7

SYSTÈMES PRINCIPAUX

Circuit hydraulique	8
Circuit pneumatique	9
Circuit électrique	10

COMMANDES DE PILOTAGE

Commandes de vol	11
Commandes des surfaces de compensation d'équilibrage	12
Blocage des commandes de vol	13
Train d'atterrissage	14
Indicateur de position du train d'atterrissage	15
Klaxon avertisseur du train d'atterrissage	16
Verrouillage du train d'atterrissage au sol	17
Volets hypersustentateurs	18
Freins	19

COMMANDES MOTEUR

Manettes des gaz	20
Paragraphe supprimé par la révision 1.	21
Régulation du mélange	22
Commandes d'hélice	23
Commande des compresseurs à deux vitesses	24
Volets des radiateurs	25
Filtre des prises d'air	26

Paragr.

COMMANDES POUR LES OPÉRATIONS
Commandes des armes de bord et de la cinémitrailleuse — 27
Circuit d'oxygène — 28

ÉQUIPEMENTS DU POSTE DE PILOTAGE
Chauffage — 29
Ventilation — 30
Essuie-glace du pare-brise — 31
Filtres pour le vol de nuit — 32
Éclairage du poste de pilotage — 33

EMPLACEMENT DES COMMANDES
Commandes et instruments de vol — 34
Commandes et instruments des circuits de carburant et d'huile — 35
Commandes et instruments des moteurs — 36
Circuit électrique — 37
Équipements du poste de pilotage — 38
Commandes pour les opérations — 39
Interrupteurs de signalisation, de navigation et d'éclairage — 40
Équipements d'urgence — 41A
Équipements de survie en conditions désertiques [8] — 41B

IIème PARTIE : PILOTAGE

Utilisation du circuit du carburant — 42
Mise en route des moteurs et montée en température — 43
Vérification des moteurs et des installations — 44
Roulage au sol — 45
Check-list avant décollage — 46
Décollage — 47
Montée — 48
Pilotage général — 49
Perte de vitesse - décrochage — 50
Piqué — 51
Voltige — 52
Avant l'atterrissage — 53
Check-list avant atterrissage — 54
Vitesses d'approche — 55
Atterrissage manqué — 56
Après l'atterrissage — 57

---

[8] Ce paragraphe ne faisait pas partie des Notes à l'intention des Pilotes mais figurait dans le Manuel de Maintenance des versions Mk NFXIII et NFXIX (AP2919H & R, Volume I d'avril 1944). Il a paru intéressant de l'incorporer ici.

IIIème PARTIE : CARACTÉRISTIQUES D'UTILISATION   **Paragr.**

Caractéristiques du moteur, Merlin 21, 23 ou 25   58
Correction d'erreur de position   59
Limites de pilotage   60
Performances maxima   61
Rayon d'action maximum   62
Capacité et consommations de carburant   63

IVème PARTIE : SITUATIONS D'URGENCE

Panne de moteur durant le décollage   64
Panne de moteur en vol   65
Atterrissage avec un seul moteur en marche   66
Mise en drapeau [9]   67
Dévirage [10]   68
Opération de secours du train d'atterrissage et des volets
hypersustentateurs   69
Extincteurs   70
Sorties d'évacuation en parachute   71
Parachutes   72
Hache   73
Trousse de premiers soins   74
Sorties d'évacuation au sol   75
Amerrissage   76
Canots de sauvetage   77

Vème PARTIE : ILLUSTRATIONS   **Fig.**

Tableau de bord   1
Poste de pilotage : côté gauche   2
Poste de pilotage : côté droit   3
Schéma simplifié du circuit de carburant (versions II, XII &
XVII)   4
Équipements d'urgence et sorties de secours   5
Schéma simplifié du circuit de carburant (versions XIII &
XIX)   6

---

[9]   La mise en drapeau de l'hélice place les pales dans le lit du vent pour réduire la trainée et évite à l'hélice de faire tourner le moteur lorsque ce dernier est en panne.

[10]   Le dévirage consiste à utiliser l'hélice pour fournir une traction négative et un couple moteur. Cette position est employée pour la remise en marche du moteur.

Ière PARTIE - DESCRIPTION

INTRODUCTION [11]

Les Mosquito F. Mark II et N.F. Mark XII [12] sont des chasseurs monoplan construits en bois et dotés de deux moteurs MERLIN 21 ou 23 avec hélices tripales Hydromatic. [13] L'équipage est composé d'un Pilote et d'un Observateur. Sur la version Mark II, quatre mitrailleuses calibre 0,303 pouces *(7,7 mm)* et quatre canons de 20 mm sont activés par le Pilote. Sur la version Mark XII, un équipement radio différent est installé qui requiert plus de place, [14] et les quatre mitrailleuses ne sont donc pas installées. À l'exception de ces différences, les appareils sont identiques.

Le Mosquito N.F. Mark XVII est un chasseur de nuit identique à la version Mark XII, sauf pour le nez de l'avion et le circuit électrique, modifiés pour accueillir l'équipement radio spécial.

Les Mosquito N.F. Mk XIII et XIX sont des chasseurs de nuit identiques à la version Mark XII, sauf pour le circuit de carburant qui permet l'emport de réservoirs largables. Autres différences, la version XIX est dotée de moteurs MERLIN 25 et a un circuit électrique renforcé pour l'équipement radio spécial.

CIRCUITS DE CARBURANT ET D'HUILE

1. Réservoirs de carburant

(i) Versions Mark II, XII et XVII (voir la Figure 4) :
Le carburant est emporté dans quatre réservoirs dans les sections intérieures des ailes et quatre réservoirs dans les sections extérieures des ailes. En outre, deux réservoirs auxiliaires pour les vols à grande

---

[11] Initialement, ces Notes à l'intention des Pilotes ne concernaient que les versions Mk FII et NFXII. Elles ont été révisées pour intégrer les versions Mk NFXIII, NFXVII et NFXIX et faute de place, certaines parties comme l'introduction ont disparu (les révisions se faisant en collant le nouveau texte sur les parties à réviser). Bien que réimprimées à deux reprises, ces Notes n'ont pas été remises à niveau. L'introduction originale pour les versions Mk FII et NFXII a été réintroduite ici et mise à jour avec les informations du Manuel de Maintenance des versions Mk NFXIII et NFXIX (AP2919H & R, Volume I d'avril 1944).

[12] F = Fighter (chasseur) ; NF = Night Fighter (chasseur de nuit).

[13] Hélice Hydromatic : produite par De Havilland ou Hamilton, permettant des changements de pas automatiques sur 35°, et mise en drapeau en neuf secondes. Le nom Hydromatic vient de la contraction des mots "hydraulique" et "automatique".

[14] Par "équipement radio", comprendre "installation radar". D'abord équipés d'un radar métrique de type AI Mark IV ou V, ces avions ont plus tard reçu des radars centimétriques (type AI Mark VIII ou X) : les antennes sur les ailes n'étaient plus nécessaires, mais le nez de l'avion a été fortement modifié pour devenir bien plus "bulbeux" afin d'accueillir l'antenne à balayage.

distance peuvent être emportés dans le fuselage. Les capacités de carburant sont les suivantes :

	en gallons *(et en litres)*
ALIMENTATION PRINCIPALE : (Réservoirs des sections intérieures)	287 *(1.305)* (143 *(650)* par côté)
RÉSERVOIRS sections extérieures	116 *(527)* (58 *(264)* par côté)
Total des réservoirs permanents	**403 *(1.832)***
Si emportés, réservoirs auxiliaires	150 *(682)*
Capacité totale de carburant	**553 *(2.514)***

(ii)   <u>Versions Mark XIII et Mark XIX (voir la Figure 6)</u> :
Le carburant est emporté dans quatre réservoirs dans les sections intérieures des ailes, quatre réservoirs dans les sections extérieures des ailes et deux réservoirs centraux au-dessus du compartiment des canons. En outre, un réservoir auxiliaire pour les vols à grande distance peut être emporté dans le compartiment des canons, et un réservoir largable peut être installé sous chaque aile. Les capacités de carburant sont les suivantes :

	en gallons *(et en litres)*
ALIMENTATION PRINCIPALE :	
Réservoirs centraux	50 *(227)*
Réservoirs des sections intérieures	287 *(1.305)* (143 *(650)* par côté)
RÉSERVOIRS sections extérieures	116 *(527)* (58 *(264)* par côté)
Total des réservoirs permanents	**453 *(2.059)***
Si emportés :	
Réservoir auxiliaire du fuselage	63 *(286)*
Réservoirs largables (en bois) **[A]**	100 *(455)* (50 *(227)* par côté)
Réservoirs largables (métalliques) **[B]**	84 *(382)* (42 *(191)* par côté)
Capacité totale de carburant avec [A]	**616 *(2.800)***
Capacité totale de carburant avec [B]	**600 *(2.728)***

Les réservoirs centraux et ceux des sections intérieures des ailes alimentent les deux moteurs par l'intermédiaire d'un caisson de collecte du carburant, quand les deux robinets de carburant derrière le siège du pilote sont placés sur la position MAIN SUPPLY. [15] Si les

---

[15] Pour correspondre aux Illustrations, le texte n'a pas été traduit ci-dessus : MAIN SUPPLY = Alimentation principale ; OUTER TANKS = Réservoirs des sections extérieures des ailes.

réservoirs de fuselage pour les vols à grande distance sont emportés, ils alimentent également les deux moteurs par le caisson de collecte du carburant avec les robinets de carburant sur la position MAIN SUPPLY et l'interrupteur (56) de la pompe immergée du carburant fermé (ON) (sur la boîte de jonction B sur la paroi droite du poste de pilotage).

Quand les robinets de carburant sont placés sur la position OUTER TANKS, les réservoirs dans la section extérieure de l'aile gauche alimentent le moteur gauche et les réservoirs dans la section extérieure de l'aile droite alimentent le moteur droit. Il n'est pas possible d'utiliser le carburant des réservoirs de la section extérieure d'une aile pour alimenter le moteur de l'autre aile.

(iii)   Sur les avions des versions Mark XIII et XIX, le carburant des réservoirs largables est envoyé aux réservoirs des sections extérieures des ailes par la pression de l'air comprimé prélevé au refoulement de la pompe à vide de gauche. Le robinet qui contrôle la pression de l'air comprimé vers les réservoirs largables est à gauche des robinets du carburant. Les réservoirs largables sont libérés en enfonçant le bouton de largage placé sous une garde de protection du côté gauche du poste de pilotage.

2.   **Mise sous pression *[des réservoirs]* du carburant** : Les réservoirs des sections intérieures et les réservoirs de fuselage pour les vols à grande distance sont équipés d'une régulation pneumatique automatique de la pression pour réduire l'évaporation du carburant à haute altitude. La commande au-dessus des robinets du carburant derrière le siège du pilote est marquée PRESSURE VENTING. *[Elle a deux positions possibles :]* OFF et ON. [16]

Une vanne [17] actionnée par une capsule anéroïde contrôle la pression d'air issue du côté du refoulement de la pompe à vide du moteur droit quand le robinet PRESSURE VENTING est ouvert (ON). Aux basses altitudes aucun air comprimé ne sera envoyé aux réservoirs, mais à mesure que l'altitude augmente la vanne barométrique admettra progressivement plus d'air comprimé vers les réservoirs. Quand le robinet PRESSURE VENTING est fermé (OFF), la pression de la pompe à vide est détournée et les réservoirs sont directement reliés à l'atmosphère. Voir la Partie II, paragraphe 42 (iii) pour l'emploi de la commande PRESSURE VENTING.

3.   **Pompe immergée du carburant** : Quand les réservoirs de fuselage pour les vols à grande distance sont installés, une pompe immergée du carburant est prévue pour alimenter les moteurs en carburant par l'intermédiaire du caisson de collecte. Un voyant d'alarme (18) sur le côté droit du rebord supérieur du tableau de bord s'allume quand les

---

[16] PRESSURE VENTING = Mise sous pression des réservoirs de carburant ; OFF = Système de mise sous pression à l'arrêt ; ON = Système de mise sous pression en marche.

[17] Appelée ci-après "vanne barométrique".

14

réservoirs de fuselage ont été vidés (marquage : LIGHT ON - PUMP PRESSURE LOW). [18] L'interrupteur de la pompe immergée du carburant (56) doit être ouvert (OFF) dès que le voyant s'allume.

4. **Jauges de carburant** : Trois jauges de carburant (62) sont installées sur la boîte de jonction B sur la paroi droite du poste de pilotage. Elles ne fonctionneront que quand l'interrupteur des systèmes électriques, interconnecté avec les interrupteurs des magnétos, sera fermé (ON). La jauge de carburant avant montre le contenu des réservoirs des sections intérieures des ailes gauche et droite. La jauge de carburant au centre montre le contenu du (des) réservoir(s) de fuselage pour les vols à grande distance et des réservoirs centraux, si installé(s). La jauge de carburant arrière montre le contenu des réservoirs des sections extérieures des ailes.

> NOTE : Sur certains avions Mark II anciens, la jauge de carburant avant montre le contenu des réservoirs des sections extérieures des ailes, et la jauge de carburant arrière montre le contenu des réservoirs des sections intérieures des ailes. Toutefois, les marquages indiquent toujours clairement ceci.

5. **Voyants d'alarme de pression du carburant** : Deux voyants d'alarme de pression du carburant (6) sont placés sur le tableau de bord gauche. Ils s'allument quand la pression du carburant tombe en-dessous de 6 lb./sq.in. [19] *(0,4 bars)*.

6. **Système d'amorçage** : Une pompe d'amorçage Ki-gass est montée sur chaque nacelle de moteur et est accessible par une trappe articulée du côté droit. Les pompes Ki-gass soutirent le carburant des réservoirs des sections extérieures des ailes. Sur certains avions, un robinet d'amorçage est installé : il permet de soutirer du carburant à haute volatilité d'une source extérieure pour démarrer par temps froid. Les robinets sont à côté des pompes Ki-gass et soutireront le carburant quelle que soit la position des robinets du *carburant [dans le poste de pilotage]*.

7. **Circuit d'huile**

(i) Deux réservoirs d'huile de 15 gallons *(68 litres)* chacun sont montés, un dans chaque nacelle de moteur.

(ii) Il n'y a aucune commande de radiateur d'huile pour le Pilote, mais les volets des radiateurs du liquide de refroidissement servent également pour les radiateurs d'huile.

(iii) La dilution d'huile est prévue. Les boutons de dilution d'huile sont derrière le siège du pilote. [20]

---

[18] LIGHT ON - PUMP PRESSURE LOW = Voyant allumé : pression de pompe basse.

[19] Unité de pression britannique : "livres par pouce carré", laissée ici sous l'abréviation anglaise comme dans les documents traduits à l'époque en français. La valeur convertie en bars a été ajoutée lors de la traduction.

[20] L'huile est diluée avec du carburant afin de faciliter le démarrage le jour suivant.

SYSTÈMES PRINCIPAUX

8. Circuit hydraulique

(i) Deux pompes entraînées par les moteurs, une sur chaque moteur, fournissent la pression hydraulique pour le fonctionnement :
Du train d'atterrissage et de la roulette de queue.
Des volets hypersustentateurs.

Le circuit fonctionnera sur une seule pompe mais à un taux réduit.

(ii) Quand les pompes entraînées par les moteurs ne fonctionnent pas, une pompe manuelle pour actionner tous les équipements par le circuit normal est montée sous le siège du Pilote. La poignée détachable est rangée sur le plancher du poste de pilotage sous le siège de l'Observateur. Il faut approximativement quatre minutes pour abaisser le train d'atterrissage avec la pompe manuelle.

(iii) La pompe manuelle peut également être utilisée pour actionner le système indépendant de secours de descente du train d'atterrissage quand la vanne de sélection de secours marquée PUSH FOR EMERGENCY, [21] du côté droit du siège du Pilote, est abaissée. (Voir la Partie IV, paragraphe 69).

9. Circuit pneumatique

(i) Un compresseur d'air sur le moteur gauche permet le fonctionnement des :
Freins.
Volets des radiateurs (vérins électropneumatiques).
Commande automatique des compresseurs (vérins électropneumatiques).
Filtres à air tropicaux (si installés) (vérins électropneumatiques).
Canons de 20 mm et mitrailleuses calibre 0,303 pouce *(7,7 mm)* (si installées).

(ii) Deux pompes à vide, une entraînée par chaque moteur, permettent ensemble le fonctionnement du panneau de vol aux instruments. [22] Le système est disposé de façon à ce que si une pompe tombe en panne, elle est automatiquement isolée du circuit de vide.

10. Circuit électrique : Un générateur sur le moteur droit et une batterie fournissent le courant électrique à 24 volts pour les appareils suivants :
Voyants et klaxon d'avertissement du train d'atterrissage.
Voyants d'alarme de la pression du carburant.
Vannes de dilution d'huile.

---

[21] PUSH FOR EMERGENCY = Poussez pour le fonctionnement du système de secours.

[22] La RAF a adopté en 1937 un panneau standardisé pour les six instruments de base pour le vol sans visibilité. Les instruments étaient placés sur deux rangées, toujours dans le même ordre, et les élèves pilotes étaient formés à les parcourir du regard de façon ordonnée et systématique. De gauche à droite et de haut en bas : badin, horizon artificiel, variomètre, altimètre, conservateur de cap et indicateur de virage et de dérapage. Le terme "pilotage aux instruments" a été préféré à l'appellation "pilotage sans visibilité" pour être plus proche de la version britannique "instrument flying".

Démarreurs des moteurs et bobines de démarrage.

Cinémitrailleuse.

Commandes pour le fonctionnement des volets de radiateur, des compresseurs automatiques, des filtres à air tropicaux, et des canons de 20 mm et mitrailleuses calibre 0,303 pouce *(7,7 mm)*.

Extincteurs.

Poste radio.

Chauffage de la sonde Pitot.

Lampes pour se faire reconnaitre et d'identification ; et phares d'atterrissage. [23]

Instruments du tableau de bord et éclairage ultraviolet.

Moteurs des pompes de mise en drapeau.

Essuie-glace du pare-brise.

Sur les premiers avions produits, un interrupteur de générateur est monté sur la boîte de jonction B sur la paroi droite du poste de pilotage. Il doit toujours être fermé (ON).

Un voyant d'alarme (70), sur la boîte de jonction B sur la paroi droite du poste de pilotage, indique quand le générateur ne fournit pas de courant. Au sol, lorsque le moteur est à l'arrêt, le voyant sera allumé tant que la batterie de l'avion est connectée. Le courant consommé est négligeable.

Les avions des versions Mark XVII et XIX ont deux générateurs et deux voyants d'alarme.

Comme les instruments ne sont pas lumineux, une batterie de secours de 2 volts, 20 ampères-heures est installée pour fournir du courant à la lampe du tableau de bord gauche en cas de panne totale du système électrique. Cette batterie est rangée sous le siège du Pilote, et est connectée à la lampe en permanence.

Une prise pour une batterie extérieure de démarrage est installée sur le côté gauche de l'arrière du fuselage.

COMMANDES DE PILOTAGE

11. **Commandes de vol** : Le palonnier peut être ajusté pendant le vol en fonction de la taille des jambes du Pilote.

12. **Commandes des surfaces de compensation d'équilibrage** : Le volant du compensateur de profondeur est du côté gauche du siège du pilote ; l'indicateur (38) est sur la paroi latérale gauche. La commande (13) et l'indicateur du compensateur de direction sont montés sous le toit du poste de pilotage. La commande du compensateur de l'aileron de gauche et l'indicateur (26) sont du côté inférieur droit du tableau de

---

[23] Les lampes pour se faire reconnaitre sont de trois couleurs (vert, rouge et orange) et permettent d'afficher la couleur de la semaine. Les lampes d'identification sont normalement blanches (une vers le haut et une vers le bas). Un manipulateur Morse permet également la transmission visuelle de messages simples.

bord principal. Toutes les commandes des compensateurs fonctionnent dans le sens normal.

13. **Blocage des commandes de vol** : [24] Les pédales du palonnier sont bloquées par une entretoise qui se place entre les pédales et est fixée par un écrou-papillon. L'entretoise est reliée au tube de blocage du manche à balai par un câble, de sorte qu'on ne puisse pas enlever l'un sans l'autre. Les commandes sont bloquées sur la position neutre. Le dispositif de blocage est rangé dans le fuselage arrière en face de la trappe. Il faut s'assurer que les goupilles de blocage sont attachées au dispositif.

14. **Train d'atterrissage**

(i) Le levier de sélection du train d'atterrissage et de la roulette de queue (23) est le levier central sur la boîte des commandes hydrauliques. Un loquet de sécurité doit être libéré avant que la position UP puisse être sélectionnée. [25] Le sélecteur doit toujours être déplacé de façon franche sur les positions UP ou DOWN, car il peut se coincer s'il est déplacé lentement. Pour l'opération de secours, se reporter à la partie IV, paragraphe 69.

(ii) Le sélecteur doit retourner automatiquement au point mort quand l'opération de rétraction ou de descente est terminée. Si le levier ne revient pas quand il est certain que l'opération est terminée, il doit être ramené à la main. Si le levier revient prématurément, alors que l'indicateur du train d'atterrissage montre que les roues ne sont pas verrouillées en position haute ou basse, le levier sélecteur doit être tenu sur la position UP ou DOWN au maximum durant 5 secondes. Ceci ne se produira que lorsque le système n'est pas correctement réglé.

(iii) Par temps froid ou en descendant d'altitudes élevées, le système doit être manœuvré plusieurs fois avant l'atterrissage en sélectionnant alternativement UP ou DOWN. À cause du figeage de l'huile hydraulique, quand le sélecteur du train d'atterrissage est placé sur la position DOWN, les roues principales peuvent descendre et le sélecteur revenir au point mort avant que la pression hydraulique n'atteigne la roulette de queue.

(iv) Il n'est pas bon de maintenir le sélecteur longtemps sur la position DOWN, car ceci soumet les canalisations à de fortes pressions.

15. **Indicateur de position du train d'atterrissage** : L'indicateur de position du train d'atterrissage (21) est au centre du tableau de bord principal, et il indiquera la position des roues principales quand le coupe-circuit des appareils électriques (14) est fermé (ON). Les voyants de l'indicateur peuvent être couverts de filtres pour diminuer l'intensité

---

[24] Les gouvernes sont bloquées au sol pour éviter que le vent ne les fasse bouger de façon anarchique.

[25] UP = Position haute ; DOWN = Position basse.

d'illumination pour le vol de nuit. Les indications pour les roues principales sont les suivantes :

Verrouillées en position haute	Aucun voyant allumé.
Verrouillées en position haute mais manettes des gaz ouvertes de moins d'un quart	Deux voyants rouges.
Entre les verrouillages haut et bas	Deux voyants rouges.
Verrouillées en position basse	Deux voyants verts.

Il n'y a pas d'indicateur pour la roulette de queue.

Quand les roues principales sont abaissées, les voyants rouges ne s'éteignent pas tant que les verrous de position basse ne sont pas engagés.

16. **Klaxon d'avertissement du train d'atterrissage** : [26] Le klaxon d'avertissement se met en marche quand le train d'atterrissage n'est pas verrouillé en position basse et que les manettes des gaz sont ouvertes de moins d'un quart.

17. **Verrouillage du train d'atterrissage au sol**

(i) Des couvercles de verrouillage au sol sont rangés dans un sac sur la cloison arrière de chaque puits du train, et doivent être montés après l'atterrissage à la place des bouchons anti-poussière qui couvrent l'extrémité des dispositifs de verrouillage. Assurez-vous que les couvercles de verrouillage au sol sont remplacés par les bouchons anti-poussière et rangés avant le décollage.

(ii) Si l'avion décolle avec les couvercles de verrouillage en place, et qu'une tentative est faite de rétracter le train d'atterrissage, la roulette de queue se rétractera. Par conséquent, le levier sélecteur du train d'atterrissage doit être maintenu pendant cinq secondes sur la position DOWN avant l'atterrissage pour s'assurer que la roulette de queue soit abaissée.

18. **Volets hypersustentateurs** : L'opération des volets hypersustentateurs est commandée par le levier (24) marqué "F" à la droite du levier sélecteur du train d'atterrissage. Un loquet de sécurité doit être soulevé avant que la position DOWN des volets hypersustentateurs puisse être sélectionnée. Le sélecteur reviendra automatiquement au point mort une fois l'opération terminée. N'importe quel angle des volets hypersustentateurs jusqu'à 45° peut être obtenu en ramenant le levier au point mort quand l'angle souhaité est atteint comme montré par l'indicateur de position (22). Ce dernier est situé à côté de l'indicateur de position du train d'atterrissage (21).

---

[26] Suite à de nombreux accidents causés par l'oubli du pilote de descendre le train d'atterrissage avant de se poser, les constructeurs ont équipé leurs avions d'un klaxon avertisseur se déclenchant lorsque le train est en position haute et que la manette des gaz est positionnée à une puissance réduite.

L'angle maximum d'ouverture des volets hypersustentateurs est 45°, bien que l'échelle de l'indicateur soit gravée jusqu'à 70°.

19. **Freins** : Le levier de commande des freins (32) et le loquet de frein de parc (33) sont sur le manche à balai. Le freinage différentiel est obtenu en opérant les pédales du palonnier avec le levier manuel de freinage activé.

COMMANDES DES MOTEURS

20. **Manettes des gaz** : Une molette noire sur le bloc manettes permet de serrer les manettes en place *[pour éviter tout déplacement sous l'effet des vibrations]*. Des butées empêchent de pousser les manettes des gaz (45) au-delà de la pression d'admission de montée (+9 lb./sq.in. *(+621 mbar))* à moins que leurs loquets à ressort soient retirés.

Avec les moteurs Merlin 21 et 23, la position complètement en avant des manettes des gaz permettra d'obtenir la pression d'admission normale de décollage et il faut utiliser le dispositif d'arrêt de la régulation de la pression d'admission (8) [27] pour avoir la pression d'admission maximale de décollage ou de combat.

Certains avions avec des moteurs Merlin 25 n'ont pas de dispositif séparé d'arrêt de la régulation de la pression d'admission et le déplacement des manettes des gaz au-delà des butées du bloc manettes produit une pression d'admission de 18 lb./sq.in. *(1.241 mbar)* lorsqu'elles sont ouvertes en grand (complètement en avant).

NOTE : La régulation automatique de la pression d'admission des moteurs Merlin 21, 23 et 25 ne fonctionne pas complètement aux ouvertures des manettes des gaz inférieures à +9 lb./sq.in. *(+621 mbar)*. Si la montée est effectuée avec une pression d'admission inférieure à +9 lb./sq.in. *(+621 mbar)*, il faudra donc avancer progressivement les manettes des gaz pour maintenir la pression d'admission souhaitée, et bien sûr les ramener de même en arrière durant les descentes effectuées ensuite pour éviter une sur-pressurisation. Avec les moteurs Merlin 25 qui n'ont pas été mis à niveau, cette Note est applicable à +9 lb./sq.in. *(+621 mbar)*, ainsi qu'aux pressions d'admission inférieures, et il pourra même s'avérer nécessaire d'avancer les manettes des gaz au-delà des butées.

21. *Paragraphe supprimé par la révision 1.*

22. **Régulation du mélange** : Des carburateurs S.U. [28] sont installés. Le mélange est automatiquement régulé en fonction de la pression d'admission, et aucune commande n'est installée dans le poste de

---

[27] Cet arrêt de la régulation permet, en cas d'urgence, d'accroitre la pression d'admission au-delà des limites normales, au risque d'user le moteur plus rapidement que la normale.

[28] Fabriqué par la S.U. Carburetter Company Limited (S.U. = Skinner-Union).

20

pilotage. Les commandes des étouffoirs du ralenti pour chaque moteur sont derrière le siège du pilote. [29]

23. **Commandes des hélices** : Des hélices tripales Hydromatic, dont la mise en drapeau complète est possible, sont installées. Les leviers de commande de vitesse (42) [30] fonctionnent de façon normale. Les boutons de mise en drapeau (19) sont sur le panneau avant droit. Pour mettre en drapeau, enfoncez le bouton de mise en drapeau et relâchez-le ; il est maintenu électriquement jusqu'à ce que la mise en drapeau soit terminée. (Il peut être nécessaire de tenir le bouton enfoncé deux ou trois secondes avant qu'il ne soit maintenu électriquement.) Il faut faire attention de ne pas actionner ces boutons en manipulant les interrupteurs voisins, etc. Pour le dévirage, le bouton doit être maintenu à la main jusqu'à ce qu'une vitesse de rotation suffisante soit atteinte. (Se reporter à la Partie IV, paragraphe 68 (ii)).

24. **Commande des compresseurs à deux vitesses** : Quand le commutateur des compresseurs (46) du poste de pilotage est placé sur la position AUTO, les compresseurs à deux vitesses sont automatiquement passés sur le rapport S [31] par un interrupteur actionné par une capsule anéroïde quand l'avion a atteint environ 15.000 pieds *(4.570 m)* pour les moteurs Merlin 21 ou 23, et 12.000 pieds *(3.660 m)* pour les moteurs Merlin 25. Le commutateur peut être placé sur la position MOD pour voler sur le rapport M au-dessus de l'altitude de changement de rapport. Le changement automatique de rapport des compresseurs ne fonctionnera pas si la pression du système pneumatique est inférieure à 150 lb./sq.in. *(10,3 bars)*.

25. **Volets des radiateurs** : Les vérins électropneumatiques des volets des radiateurs sont commandés par deux interrupteurs (12) sur le panneau avant droit. Il n'est pas possible de placer les volets aux positions intermédiaires entre les positions CLOSED et OPEN. [32]

26. **Filtre d'entrée d'air** : Pour les opérations en ambiance tropicale, des filtres Vokes sont prévus pour les entrées d'air. Ils sont mis en service par un interrupteur près du bloc des manettes des moteurs.

---

[29] L'étouffoir du ralenti permet de couper l'arrivée d'essence au carburateur (sauf si l'amorçage est en cours au démarrage) pour arrêter le moteur : arrêter l'allumage ne suffirait pas puisque le mélange continuerait à être mis à feu lors de la compression par la température élevée des cylindres. Cette commande ferme donc l'orifice du gicleur qui alimente le moteur en carburant même quand la manette des gaz est fermée pour le régime de marche au ralenti.

[30] Le terme de "commande de vitesse de l'hélice" est une traduction littérale du texte original : la commande permet de régler un point de consigne pour la vitesse de rotation du moteur, et le régulateur adapte le pas de l'hélice en fonction de cette vitesse et des conditions de vol.

[31] Vitesse des compresseurs : Rapport S (ou FS) = Vitesse Haute (Full Speed - HIGH gear) ; rapport M (ou MS, ou MOD) = Vitesse basse (Moderate ou Medium Speed - LOW gear).

[32] CLOSED = Fermé ; OPEN = Ouvert.

COMMANDES POUR LES OPÉRATIONS

27. Commandes des armes de bord et de la cinémitrailleuse

(i) Le coupe-circuit principal des armes de bord (25), sous les leviers de sélection du train d'atterrissage et des volets hypersustentateurs, doit être fermé (ON) pour que les armes puissent être mises à feu.

(ii) Une gâchette de pouce pour les mitrailleuses (29), une gâchette d'index pour les canons (30), et un bouton-poussoir pour la cinémitrailleuse (28) sont installés sur le manche à balai. Sur certains avions, la gâchette de pouce active les mitrailleuses et les canons. La pression d'air doit être de 200 lb./sq.in. *(13,8 bars)* pour la mise en œuvre des armes.

(iii) Le coupe-circuit principal de la cinémitrailleuse (52), sur la boîte de jonction B sur la paroi droite du poste de pilotage, doit être fermé (ON) avant que la cinémitrailleuse puisse être utilisée, soit indépendamment, soit avec les deux gâchettes des armes quand le coupe-circuit principal des armes de bord est fermé (ON).

28. Circuit d'oxygène : Le détendeur d'oxygène Mark VIIIC du Pilote (35) est sur le tableau de bord principal. Le détendeur de l'oxygène Mark VIIIC de l'Observateur (65) est sur la paroi de droite, à côté de la vanne haute pression de l'oxygène (64) qui commande la fourniture de l'oxygène au Pilote et à l'Observateur.

ÉQUIPEMENTS DU POSTE DE PILOTAGE

29. Chauffage : La commande de chauffage de la cabine est derrière le siège du Pilote. Elle doit être tournée en avant pour faire entrer de l'air chaud du radiateur gauche du liquide de refroidissement dans la cabine.

30. Ventilation du poste de pilotage : Il y a deux bouches d'aération réglables (20). Celle du Pilote est au milieu inférieur du tableau de bord principal, et celle de l'Observateur est sur le tableau de bord de droite. Le moyen le plus efficace de refroidissement du poste de pilotage est d'ouvrir le panneau de vision directe du toit. [33]

31. Essuie-glace du pare-brise : L'essuie-glace ne doit pas être utilisé sur un pare-brise sec car il pourrait rayer la surface. Lorsqu'il n'est pas en service, assurez-vous que le rhéostat (69), sur la boîte de jonction B sur la paroi droite du poste de pilotage, est éteint. Il est possible que le rhéostat soit légèrement en marche sans que l'essuie-glace ne fonctionne, et ceci gaspille l'énergie de la batterie.

32. Filtres pour le vol de nuit : Les voyants d'alarme du générateur et des pompes immergées du carburant peuvent être couverts de filtres pour en diminuer l'intensité lumineuse pour le vol de nuit. Lors d'un vol diurne, ces écrans doivent être retirés sinon les indications ne seront pas visibles.

---

[33] Partie d'une fenêtre qui peut s'ouvrir au cas où le pare-brise est obscurci (par exemple par de la buée ou de l'huile).

33. **Éclairage du poste de pilotage**

(i) <u>Éclairage ultraviolet</u> : [34] Un éclairage ultraviolet est monté pour les instruments de vol. Une lampe est au-dessus des manettes des gaz, et une autre lampe est sous le collimateur. Pour activer les lampes ultraviolettes, tournez l'interrupteur principal sur la boîte de jonction B sur la paroi droite du poste de pilotage pour le fermer (ON). Pressez ensuite le bouton d'excitation, sur la cloison gauche près du haut du tableau de bord, jusqu'à ce que les lampes commencent à s'allumer. Ajustez l'intensité de l'éclairage par rotation des filtres à l'avant de chaque lampe.

(ii) Trois lampes sont installées, une au-dessus du compas, une à la droite du panneau de vol aux instruments, et une au-dessus du panneau avant des interrupteurs. Chacune est commandée par un rhéostat placé à proximité.

(iii) Si l'alimentation électrique tombe en panne, la lampe supérieure gauche de secours peut être allumée. Elle est alimentée par la batterie de secours rangée sous le siège du Pilote.

EMPLACEMENT DES COMMANDES [35]

34. **Commandes et instruments de vol**

Volant de commande des compensateurs de profondeur	Du côté gauche du siège du Pilote.
Indicateur des compensateurs de profondeur (38)	Sur la paroi gauche du poste de pilotage.
Commande et indicateur du compensateur de direction (13)	Sur le rebord supérieur du tableau de bord.
Commande et indicateur des compensateurs des ailerons (26)	En bas du tableau de bord principal.
Levier sélecteur des volets hypersustentateurs (24)	Levier droit sur le tableau de bord principal.
Indicateur de position des volets hypersustentateurs (22)	Au centre du tableau de bord principal.
Levier sélecteur du train d'atterrissage (23)	Levier gauche sur le tableau de bord principal.

---

[34] Les lampes UV servent d'excitation de la radioluminescence des instruments. Les graduations et les aiguilles des instruments des avions de l'époque étaient recouverts d'une couche de peinture contenant du radium, un élément chimique radioactif dont la désintégration radioactive donne une forme de luminescence. Ces instruments ne doivent donc être manipulés que par du personnel qualifié.

[35] Ces listes ne figuraient pas de façon systématique dans les Notes à l'intention des Pilotes. Elles fournissaient un moyen simple pour tester un pilote en lui demandant de montrer où se trouvait tel ou tel item alors qu'il était au poste de pilotage, les yeux bandés.

Indicateur de position du train d'atterrissage (21)	Au centre du tableau de bord principal.
Commande des freins des roues (32) et verrou de frein de parc (33)	Sur le manche à balai.
Indicateur de pression des freins (34)	Bas du tableau de bord principal.
Panneau des instruments pour le vol sans visibilité (11)	Haut du tableau de bord principal.
Compas (41)	Côté gauche du poste de pilotage sous le tableau de bord gauche.
Interrupteur du chauffage de la sonde Pitot (55)	Sur la boîte de jonction B sur la paroi droite du poste de pilotage.
Coupe-circuit des appareils électriques (14) (alimente l'indicateur de position du train d'atterrissage et les jauges du carburant)	Sur le tableau de bord de droite.

35. Commandes et instruments des circuits de carburant et d'huile

Robinets de carburant	Derrière le siège du pilote.
Interrupteur des pompes immergées du carburant (56) pour les réservoirs de vol à grande distance de la soute à bombes	Sur la boîte de jonction B sur la paroi droite du poste de pilotage.
Robinet d'envoi d'air comprimé aux réservoirs largables	Derrière le siège du pilote.
Bouton de libération des réservoirs largables	Sur la gauche du poste de pilotage, sous une garde de protection.
Voyant d'alarme (18) pour les réservoirs de fuselage de vol à grande distance	Sur la droite du rebord supérieur du tableau de bord.
Robinet de mise sous pression du carburant (PRESSURE VENTING)	Derrière le siège du Pilote.
Voyants d'alarme de la pression du carburant (6)	Tableau de bord à gauche.
Jauges de carburant (62)	Sur la boîte de jonction B sur la paroi droite du poste de pilotage.
Pompes d'amorçage	Dans chaque nacelle de moteur.
Boutons de dilution d'huile	Derrière le siège du Pilote.

36. **Commandes et instruments des moteurs**

Manettes des gaz (45)	Bloc des manettes des moteurs sur la paroi gauche du poste de pilotage.
Dispositif d'arrêt de la régulation de la pression d'admission (8)	Dessus du tableau de bord gauche.
Commandes de vitesse des hélices (42)	Bloc des manettes des moteurs.
Interrupteur des compresseurs (46)	" " " " "
Dispositif de blocage des manettes des gaz	" " " " "
Interrupteur d'entrée d'air du filtre Vokes	Devant le bloc des manettes des moteurs.
Boutons de mise en drapeau (19)	Sur le panneau avant droit
Interrupteurs des volets des radiateurs (12)	Sur le rebord supérieur du tableau de bord
Interrupteurs des magnétos (15)	Sur le panneau avant droit.
Interrupteurs des démarreurs des moteurs (16)	Sur le panneau avant droit.
Interrupteurs des bobines de démarrage (17)	Sur le panneau avant droit.
Compte-tours des moteurs (7)	Tableau de bord gauche.
Manomètres de pression d'admission (5)	" " " "
Thermomètres du liquide de refroidissement (2)	" " " "
Thermomètres d'huile (3)	" " " "
Manomètres d'huile (4)	" " " "

37. **Système électrique**

Voyant d'alarme du générateur (70)	Sur la boîte de jonction B sur la paroi droite du poste de pilotage.
Voltmètre (71)	Sur la boîte de jonction B sur la paroi droite du poste de pilotage.
Boitier des fusibles	Du côté droit du poste de pilotage derrière l'Observateur.

38. **Équipements du poste de pilotage**

Levier de réglage en hauteur du siège du pilote	Sur la gauche du siège du Pilote.
Levier de relâchement du harnais du Pilote [36]	Sur la droite du siège du Pilote, ou entre les jambes du Pilote.
Porte d'entrée	Du côté droit du poste de pilotage.
Pompe de dégivrage de pare-brise (27)	En bas du tableau de bord principal.
Rhéostat de l'essuie-glace du pare-brise (69)	Sur la boîte de jonction B sur la paroi droite du poste de pilotage.
Ventilation	Bouton de réglage d'air froid (20) sur la paroi droite du poste de pilotage. Bouches de ventilation sur la droite du panneau avant et au centre du tableau de bord principal.
Commande de chauffage du poste de pilotage	Derrière le siège du Pilote.
Lampe sous le toit du poste de pilotage et bouton de commande	Au-dessus de la tête du Pilote.
Éclairage des instruments (9) et rhéostats	Un au-dessus du compas. Un à la droite du panneau de vol aux instruments. Un au-dessus du panneau avant des interrupteurs.
Éclairage ultra-violet	Interrupteur principal (54) sur la boîte de jonction B sur la paroi droite du poste de pilotage. Bouton d'excitation sur la paroi gauche du poste de pilotage. Une lampe au-dessus de la manette des gaz. Une lampe sous le collimateur.
Entonnoir pour uriner	Sous le siège du pilote.
Équipements *[de survie]* pour le désert	Dans la partie arrière du fuselage.

---

[36] Le harnais Sutton était standard sur tous les avions de la RAF de construction britannique. Il était composé de deux sangles d'épaules découplées en un double 'Y' et reliées à la fois à un point d'ancrage derrière le bas du siège et par un câble à un point d'amarrage plus en arrière dans le fuselage (ou à un tambour à ressort derrière le siège sur les avions multiplaces). La tension du câble était réglable pour donner plus ou moins de liberté au pilote. Les sangles d'épaule se connectaient à deux sangles ventrales.

39. **Commandes pour les opérations**

Coupe-circuit principal des armes de bord (25)	Sur le tableau de bord principal.
Gâchette pour les mitrailleuses (29)	Sur le manche à balai.
Gâchette d'index pour les canons (30)	Sur le manche à balai.
Commande de réchauffage des armes	Sur la paroi droite du poste de pilotage derrière le siège de l'Observateur.
Coupe-circuit principal de la cinémitrailleuse (52)	Sur la boîte de jonction B sur la paroi droite du poste de pilotage.
Bouton-poussoir de la cinémitrailleuse (28)	Sur le manche à balai.
Détendeur d'oxygène du Pilote (35)	Sur le tableau de bord principal.
Détendeur d'oxygène de l'Observateur (65)	Sur la paroi droite du poste de pilotage.
Vanne haute pression de l'oxygène (64)	En arrière du détendeur de l'Observateur sur la paroi droite du poste de pilotage.

40. **Interrupteurs de signalisation, de navigation et d'éclairage**

Deux postes V.H.F.	Deux boitiers à boutons-poussoir (44), et sur les avions récents un commutateur de sélection du poste radio (43) sur le plancher du poste de pilotage, côté gauche. Sur certains avions de début de production, l'interrupteur d'alimentation du boîtier déporté du transmetteur radio automatique est sur la boite de jonction B sur la paroi de droite. [37]
Approche radioguidée (37)	Interrupteur sur une équerre sur la paroi gauche du poste de pilotage.

---

[37] Le système de localisation, surnommé "pip-squeak" dans l'argot des pilotes, a été mis en place car les premiers radars britanniques ne permettaient pas de localiser les avions au-dessus des terres ou à basse altitude. Il transmettait automatiquement un signal radio pendant 14 secondes toutes les minutes. Trois stations au sol relevaient la direction du signal et la position de l'avion était ensuite déterminée par triangulation. Le système était composé d'une horloge "maître" derrière le pilote, et d'un boitier déporté accessible par le pilote. Quatre avions au plus pouvaient être ainsi localisés avec une seule fréquence.

Commutateurs du compas à indication déportée [38]	À côté de de l'interrupteur d'approche radioguidée.
Interrupteurs G [39]	Sur la paroi gauche du poste de pilotage, côte à côte (un bouton-poussoir et un interrupteur marche/arrêt).
Interrupteurs de l'intercom (quand le poste TR 1133 est installé) [40]	Sur les avions récents, interrupteur activé au pied. Sur les avions de début de production, interrupteur de l'intercom du Pilote sur la paroi gauche du poste de pilotage ; interrupteur de l'intercom de l'Observateur sur la paroi droite du poste de pilotage devant le détendeur d'oxygène.
Pistolet lance-fusées	Toit derrière la tête du pilote.
Cartouches de signalisation	Devant le siège de l'Observateur.
Lampes d'identification	Commutateur de sélection (51) et boitier de signalisation (49) sur la boîte de jonction B sur la paroi droite du poste de pilotage.
Lampes pour se faire reconnaitre (50)	Interrupteur sur la paroi droite du poste de pilotage.
Feux de navigation	Interrupteur (53) sur la boîte de jonction B sur la paroi droite du poste de pilotage. Interrupteur du feu avant (58) sur la boîte de jonction B.
Phares d'atterrissage (1)	En bas du tableau de bord gauche.

---

[38] "R.I. COMPASS" = Compas à indication déportée : le compas est placé loin des sources d'interférence (par exemple dans une aile), et un instrument déporté permet la lecture depuis le poste de pilotage.

[39] Le transpondeur IFF (Identification Friend or Foe) est un petit transmetteur qui donne une forme caractéristique à l'écho d'un avion ami sur l'écran radar. Les "interrupteurs 'G'" permettent de basculer sur la bande G (200 - 210 MHz) dédiée aux radars d'interception basés au sol dont le contrôleur guidait le chasseur pour l'amener suffisamment proche de la cible pour être à portée du radar embarqué. Pour plus de détails, se reporter à l'Air Publication 1093D Volume I, chapitre 6 "*Introductory survey of radar – Part II*" de 1946. Le transpondeur IFF était doté d'une charge de destruction afin d'en éviter la capture. Elle était mise en place par les armuriers juste avant le vol, et enlevée dès l'atterrissage.

[40] Le T.R.1133 était composé de l'émetteur T.1136, du récepteur R.1137 et d'un amplificateur A.1135. L'émetteur-récepteur haute fréquence TR.1143 disposait de 4 canaux à cristaux dans la gamme de fréquence 100 à 124 MHz.

41A. **Équipement d'urgence**

Pompe manuelle hydraulique	Douille sous le siège du Pilote. Poignée sous le siège de l'Observateur.
Sélecteur de secours de train d'atterrissage	À côté du siège du Pilote.
Extincteurs Graviner (61) [41]	Boîte de jonction B sur la paroi droite.
Extincteurs portables	Un à la droite du siège du Pilote. Un à la droite du siège de l'Observateur.
Hache d'incendie	Derrière le siège du Pilote.
Trousse de premiers secours	Sous le siège du pilote.
Interrupteurs de destruction de l'IFF (60)	Boîte de jonction B sur la paroi droite.

41B. **Équipements de survie en conditions désertiques**

Le matériel de survie en conditions désertiques décrit ci-après (lorsqu'il est installé) est arrimé à l'arrière du fuselage :

(i) Un réservoir d'eau potable de 3 gallons impériaux *(14 litres)*, monté du côté gauche du fuselage entre les cloisons n°3 et n°4.

(ii) Deux bouteilles d'eau Mk. VII, rangées sur des supports boulonnés sur le plancher arrière entre les cloisons n°3 et n°4.

(iii) Deux containers en aluminium de rations de survie, montés sur des supports du côté gauche du fuselage en arrière de la cloison n°4.

(iv) Deux sacs de couchage et des bâches de protection pour le poste de pilotage et les moteurs, sanglés sur le plancher du fuselage, en arrière de la cloison n°4.

(v) Une trousse d'outillage de secours de type E, sanglée sur le plancher du fuselage, en arrière des sacs de couchage et des bâches de protection.

(vi) Cinq bandes de toile de signalisation au sol, sanglées sur la partie inférieure arrière du fuselage, du côté gauche.

(vii) Trois piquets d'arrimage, rangés sur des supports dans le fuselage arrière au-dessus de la porte.

(viii) Un miroir manuel de signalisation, monté sur le côté gauche de la cloison n°4.

De plus, un store pare-soleil est fourni pour la protection du poste de pilotage.

---

[41] De façon générale, à partir de 1939, les avions britanniques étaient dotés d'un système extincteur au bromure de méthyle de marque Graviner (combinaison des mots GRAVité et INERtie) qui se déclenchait soit par un contact gravitaire (si l'avion basculait sur le dos lors d'un atterrissage), soit par un contact inertiel en cas de crash, soit manuellement, soit enfin par un détecteur de "flammes" (en fait un détecteur de température se déclenchant au-dessus de 140°C).

PARTIE II – PILOTAGE

42. **Utilisation du circuit du carburant**

(i)   Démarrez les moteurs et décollez avec les robinets de carburant réglés sur OUTER TANKS, car ces réservoirs permettent le débit du carburant le plus direct.

(ii)   (a) <u>Si les réservoirs largables ne sont pas installés</u> :
Si les réservoirs de fuselage pour les vols à grande distance sont emportés, changez sur MAIN SUPPLY à 500 - 1.000 pieds *(150 – 300 m)*, et alimentez la pompe immergée du carburant de sorte que ces réservoirs soient vidés aussi tôt que possible ; ceci améliorera l'équilibrage et la stabilité. Arrêtez la pompe immergée du carburant dès que le voyant d'alarme indique que les réservoirs de fuselage sont vides.

(b) <u>Si les réservoirs largables sont installés (NF Mark XIII et XIX)</u> :
Restez sur les réservoirs des sections extérieures jusqu'à ce que les voyants d'alarme indiquent que les réservoirs sont vides. Changez sur MAIN SUPPLY, et si le réservoir de la soute à bombes pour les vols à grande distance est emporté, mettez la pompe immergée du carburant en marche. Ouvrez ensuite le robinet d'envoi d'air comprimé aux réservoirs largables. Lorsque la jauge des réservoirs des sections extérieures montre que tout le carburant des réservoirs largables a été transféré aux réservoirs des sections extérieures, fermez le robinet d'air comprimé. Ce transfert de carburant des réservoirs largables aux réservoirs des sections extérieures prend environ 20 minutes. Il ne faut pas larguer les réservoirs largables, sauf si les conditions opérationnelles l'exigent : la trainée supplémentaire générée par ces réservoirs est très faible et la vitesse maximale de l'avion n'est que légèrement améliorée par leur largage, donc l'impact sur la distance franchissable est presque négligeable.

NOTE : Il est généralement recommandé de ne libérer les réservoirs largables qu'en vol rectiligne en palier, en particulier ceux en métal qui ont parfois endommagé l'avion lors de leur largage dans d'autres attitudes de vol.

(c) Lorsque le réservoir de fuselage pour les vols à grande distance est vide, arrêtez la pompe immergée du carburant et tournez les robinets du carburant à nouveau sur OUTER TANKS. Ces derniers doivent être utilisés tôt dans le vol puisqu'il n'est pas possible d'employer leur carburant d'un côté pour alimenter le moteur de l'autre côté. Cependant, si la pression du carburant baisse durant la montée à haute altitude, il pourra s'avérer nécessaire d'utiliser la position MAIN SUPPLY avec sa pressurisation.

(iii) <u>Utilisation de la pressurisation (seulement pour la position MAIN SUPPLY et pour le réservoir du fuselage)</u> : Normalement la commande de pressurisation du carburant (PRESSURE VENTING) doit normalement être ouverte (ON), et un fil de plombage la maintient sur cette position. Puisque la pressurisation dégrade quelque peu les propriétés auto-obturantes des réservoirs, ce plombage est suffisamment léger pour être facilement rompu en cas d'urgence, comme dans le cas d'un percement des réservoirs pressurisés par des tirs ennemis.

43. Mise en marche des moteurs et montée en température

(i) Fermez (ON) le coupe-circuit des appareils électriques.

(ii) Vérifiez ce qui suit :

Voltmètre	Doit montrer 24 volts si la batterie est complètement chargée.
Interrupteur du générateur	Fermé (ON) (si installé).
Train d'atterrissage	Bouton de secours en position normale, loquet de sécurité engagé. Sélecteur au point mort, loquet de sécurité engagé. Voyants de l'indicateur verts.
Pression d'air	Pression pneumatique normale 200 lb./sq.in. *(13,8 bars).* Les volets des radiateurs et le changement automatique de rapport des compresseurs ne fonctionneront pas en-dessous de 150 lb./sq.in. *(10,3 bars).*

(iii) Placez les robinets de carburant sur OUTER TANKS.

(iv) Placez les commandes de la façon suivante :

Manettes des gaz	Ouvertes de 0,5 pouce *(1,25 cm).*
Commandes de vitesse d'hélices	Complètement vers l'avant.
Compresseurs	Vitesse basse (MOD).
Interrupteurs des volets des radiateurs	Sur OPEN.

(v) Du carburant à haute volatilité (réf. magasins 34A/111) doit être employé si un raccordement externe d'amorçage est installé, pour amorcer aux températures de l'air au-dessous de zéro. L'équipe au sol activera la pompe d'amorçage jusqu'à ce que le carburant atteigne les gicleurs d'amorçage ; ceci peut être estimé par une augmentation soudaine de résistance.

(vi)   Alimentez les magnétos et enfoncez les boutons du démarreur et de la bobine de démarrage. L'équipe au sol activera la pompe d'amorçage aussi rapidement et vigoureusement que possible pendant que le moteur est mis en rotation *[par le démarreur]* ; il doit démarrer après le nombre suivant de coups de pompe d'amorçage (moteur froid) :

Température de l'air en °C	+30	+20	+10	0	- 10	- 20
Nombre de coups de pompe :						
Carburant normal	3	4	7	12		
Carburant à haute volatilité				4	8	18

(vii)   Aux températures au-dessous de zéro il sera probablement nécessaire de continuer l'amorçage après que le moteur ait commencé à tourner de lui-même et jusqu'à ce qu'il s'alimente à partir du carburateur.

(viii)   Dès que le moteur fonctionne d'une manière satisfaisante, libérez le bouton de la bobine de démarrage et demandez à l'équipe au sol de revisser la pompe d'amorçage dans son logement et de fermer les panneaux d'accès au système d'amorçage.

(ix)   Ouvrez la manette des gaz lentement et montez en température à 1.200 tr/min.

44. **Essai des moteurs et des systèmes**

Durant la montée en température :

(i)   Vérifiez les températures et les pressions.

Après la montée en température :

(ii)   Vérifiez le fonctionnement de chacune des pompes hydrauliques entrainées par les moteurs. Augmentez le régime d'un moteur à 2.000 tr/min, et abaissez puis relevez les volets hypersustentateurs. Réduisez l'ouverture de cette manette des gaz, ouvrez l'autre à 2.000 tr/min et abaissez puis relevez à nouveau les volets hypersustentateurs. La panne d'une pompe entrainée par le moteur sera indiquée par le mouvement mou des volets hypersustentateurs pendant l'un de ces essais.

(iii)   Le moteur droit étant réglé à 2.000 tr/min, vérifiez que le générateur charge : le voltmètre doit indiquer 29 volts.

(iv)   Augmentez la puissance jusqu'à une pression d'admission de +4 lb./sq.in. *(+276 mbar)* et vérifiez le bon fonctionnement de l'hélice à vitesse constante.

(v)   Ouvrez la manette des gaz jusqu'à la position de décollage (se reporter au Paragraphe 20) et vérifiez la pression d'admission et la vitesse de rotation du moteur qui doit être de 3.000 tr/min.

(vi)   Réduisez l'ouverture de la manette des gaz à une pression d'admission de +9 lb./sq.in. *(+621 mbar)* et vérifiez chaque magnéto à tour de rôle. La baisse de régime ne doit pas excéder 150 tr/min.

45. **Roulage au sol**
Vérifiez :

Pression des freins	200 lb./sq.in. *(13,8 bars)* ; si la pression est basse, assurez-vous que l'action du compresseur permet bien l'augmentation de la pression ; sinon, l'avion devra rester au sol.
Couvercles de verrouillage au sol du train d'atterrissage	Retirés et remplacés par les bouchons anti-poussière.
Volets hypersustentateurs	Complètement rétractés. Sélecteur au point mort.

46. **Checklist pour le décollage** [42]
T = Trimming Tabs = Réglages des compensateurs

Profondeur	Avec les volets hypersustentateurs rétractés : 1 division tendance à piquer. Avec les volets hypersustentateurs abaissés de 15° : 1,5 divisions tendance à piquer.
Direction	Légèrement vers la droite.
Ailerons	Au neutre.
P = Propeller = Hélices	Commandes de vitesse complètement en avant.
F = Fuel = Carburant	Vérifiez le contenu. Robinets ouverts sur OUTER TANKS.
F = Flaps = Volets hypersustentateurs	Rétractés ou abaissés de 15°. Ne poussez pas la puissance d'un seul moteur après avoir abaissé les volets.
Compresseurs	Vitesse basse (MOD).
Interrupteurs des volets des radiateurs	Sur OPEN.

> NOTE : 15° de volets hypersustentateurs sont recommandés pour améliorer le décollage quand cela est nécessaire, mais on peut utiliser jusqu'à 25° pour réduire au maximum la course de décollage. Si les volets hypersustentateurs sont employés, l'abaissement doit être fait après le dégommage des moteurs et après la rotation face au vent, et avec les deux moteurs réglés à la même vitesse de ralenti.

---

[42] Les points essentiels des check-lists étaient présentés sous la forme de raccourcis mnémotechniques que les pilotes devaient apprendre par cœur et qui variaient peu d'un avion à l'autre : par exemple pour le Dakota I, III ou IV : TMPFF ; pour le Halifax II ou V : TPFF.

47. **Décollage**

(i) Il y a une légère tendance à virer à gauche qui peut être contrée en ouvrant la manette des gaz du moteur de gauche légèrement plus en avant que celle du moteur de droite.

Soulevez l'empennage par une pression légère vers l'avant sur le manche à balai. Gardez la main sur les manettes des gaz jusqu'à ce que le décollage soit bien engagé.

Quand la charge emportée et la distance de décollage le permettent, il peut être suffisant de n'ouvrir les manettes des gaz que jusqu'à la butée de montée.

(ii) Rétractez le train d'atterrissage (en déplaçant le sélecteur vigoureusement sur la position UP) et vérifiez qu'il se verrouille en position haute ; si les voyants rouges de l'indicateur ne s'éteignent pas, ramenez le sélecteur sur la position UP pendant cinq secondes.

(iii) Ne commencez pas à monter tant qu'une vitesse de sécurité de 170 m.p.h. (148 nœuds - *274 km/h*) au badin n'est pas atteinte. [43]

(iv) Avant de relever les volets hypersustentateurs (s'ils ont été utilisés), réglez les compensateurs pour avoir un léger couple cabreur.

(v) Si l'on monte à une altitude élevée, placez la commande du rapport des compresseurs sur AUTO.

48. **Montée**

La vitesse pour le taux maximal de montée est 170 m.p.h. (148 nœuds - *274 km/h*) au badin jusqu'à 20.000 pieds *(6.100 m)*.

49. **Pilotage général**

(i) <u>Stabilité</u> : Les stabilités directionnelle et latérale sont satisfaisantes. La stabilité longitudinale est satisfaisante en vol en palier mais l'avion est légèrement instable en vol plané et en montée lorsque le C.G. est en arrière. [44]

(ii) Changement d'assiette :

Changement d'assiette :	Tendance
Train d'atterrissage rétracté	Légèrement à cabrer.
Volets hypersustentateurs rétractés	Fortement à piquer.
Volets des radiateurs ouverts	À cabrer.

(iii) <u>Commandes</u> : Les commandes sont légères et efficaces et la manœuvrabilité est bonne. La gouverne de direction ne doit pas être utilisée violemment aux vitesses élevées.

(iv) <u>Pilotage à des vitesses réduites</u> : Par mauvaise visibilité près du sol, les volets hypersustentateurs doivent être abaissés de 15 - 20° et les

---

[43] Les Mosquito affectés au Coastal Command avaient des Badins calibrés en nœuds pour faciliter leur travail quotidien avec des cartes marines et avec la Royal Navy. m.p.h. = Unité de vitesse britannique : "milles terrestres par heure", laissée ici sous l'abréviation anglaise comme dans les documents traduits à l'époque en français. La valeur convertie en km/h a été ajoutée lors de la traduction

[44] C.G. = Centre de Gravité.

hélices réglées pour obtenir 2.650 tr/min. La vitesse peut alors être réduite à 150 m.p.h. (130 nœuds - *241 km/h*) au badin.

50. **Perte de vitesse - décrochage**

(i) Les vitesses de décrochage (sans utiliser la puissance des moteurs) au badin sont :

Train d'atterrissage et volets hypersustentateurs	18.050 livres *(8.187 kg)*	15.500 livres *(7.031 kg)*
Relevés	123 m.p.h. (107 nœuds - *198 km/h*)	114 m.p.h. (99 nœuds - *183 km/h*)
Abaissés	106 m.p.h. (92 nœuds - *171 km/h*)	99 m.p.h. (86 nœuds - *159 km/h*)

(ii) Au décrochage il y a de considérables vibrations, et le nez de l'avion s'abaisse suivi d'une aile, si le manche à balai est tenu en arrière. Le décrochage n'est pas violent et le contrôle est rapidement regagné quand la vitesse est augmentée.

51. **Piqué**

L'avion prend un couple cabreur dans le piqué, mais un équilibrage vers l'avant n'est pas nécessaire sauf aux très grandes vitesses.

52. **Voltige**

Les vitesses au badin suivantes sont recommandées pour les acrobaties aériennes :

Tonneau : 220 à 270 m.p.h. (191 à 235 nœuds - *354 à 435 km/h*).

Tonneau en montée : plus de 350 m.p.h. (304 nœuds - *563 km/h*).

Les tonneaux doivent être suffisamment barriqués pour conserver les moteurs en marche sur la manœuvre. [45]

Boucle : plus de 350 m.p.h. (304 nœuds - *563 km/h*).

Immelmann : 380 m.p.h. (330 nœuds - *612 km/h*).

Le nez de l'avion doit être conservé sous l'horizon lors du renversement.

---

[45] Les premiers moteurs Merlin ne sont pas alimentés en situation de g négatifs (facteur de charge négatif par exemple lorsque le manche à balai est poussé en avant) : dans un premier temps, le gicleur ne reçoit plus de carburant qui se retrouve soulevé dans la chambre à flotteur du carburateur : (phénomène de "weak cut-out"). Si l'avion reste trop longtemps dans cette situation, la chambre à flotteur se remplit et la carburant coule librement vers le gicleur, noyant le moteur (phénomène de "rich cut-out"). Ceci oblige les pilotes à manœuvrer pour conserver un facteur de charge positif, par exemple en passant sur le dos avant de plonger en piqué, ou en barriquant les tonneaux.

53. **Avant l'atterrissage**

Quelle qu'ait été la durée du vol, manœuvrez le train d'atterrissage quelques fois avant de l'abaisser pour de bon pour l'atterrissage.

54. **Checklist pour l'atterrissage**

Pression de freinage	200 lb./sq.in. *(13,8 bars)*.
Compresseurs	Rapport bas (MOD).
Volets des radiateurs	Ouverts

Réduisez la vitesse à 180 m.p.h. (157 nœuds - *290 km/h)* au badin.

U = Undercarriage = train d'atterrissage	Abaissé. Le sélecteur doit revenir au point mort. Vérifiez avec l'indicateur et le klaxon que le train d'atterrissage est en position basse.
P = Propeller = hélices	Commandes de vitesse complètement en avant.
F = Fuel = Carburant	Robinets ouverts sur les réservoirs les plus remplis.

Réduisez la vitesse à 150 m.p.h. (130 nœuds - *241 km/h)* au badin.

F = Flaps = Volets hypersustentateurs	Complètement abaissés. Il faut considérablement équilibrer vers l'avant pour contrer la tendance à cabrer.

55. **Vitesses d'approche**

(i)   Les vitesses d'approche à 17.000 livres *(7.711 kg)* (approximativement la moitié du carburant) sont les suivantes :

	Volets hypersustentateurs abaissés	**Volets hypersustentateurs relevés**
Approche au moteur	125 m.p.h. au badin (109 nœuds - *201 km/h)*	140 m.p.h. au badin (122 nœuds - *225 km/h)*
Vol plané	140 m.p.h. au badin (122 nœuds - *225 km/h)*	150 m.p.h. au badin (130 nœuds - *241 km/h)*

À pleine charge ces vitesses doivent être augmentées d'environ 5 m.p.h. *(8 km/h)*.

(ii)   Avec le train d'atterrissage et les volets hypersustentateurs abaissés, l'avion a un taux de descente élevé. Avant d'y être accoutumés, les pilotes tendront à arriver trop court, et la correction nécessite l'utilisation de beaucoup plus de puissance que ce à quoi l'on peut s'attendre.

56. **Atterrissage manqué**

(i)   Ouvrez les manettes des gaz sur la position de décollage.

(ii)   Rétractez le train d'atterrissage immédiatement.

(iii)   Montez à environ 140 m.p.h. au badin (122 nœuds - *225 km/h*).

(iv)   Les volets hypersustentateurs se rétractent rapidement et ils ne doivent pas être relevés tant qu'une altitude de sécurité n'est pas atteinte. Ils peuvent être conservés à 25° pour accomplir le circuit. Il n'y a alors pas besoin de réajuster les compensateurs.

57. **Après l'atterrissage**

(i)   Après l'atterrissage et avant de rouler au sol, remontez les volets hypersustentateurs.

(ii)   Laissez tourner les moteurs au ralenti à environ 800 tr/min pendant une courte période, puis tirez les étouffoirs du ralenti et gardez-les sur cette position jusqu'à ce que les moteurs s'arrêtent, puis relâchez-les franchement. Coupez l'allumage après l'arrêt des moteurs et coupez le carburant. Ouvrez (OFF) le coupe-circuit des appareils électriques.

(iii)   Dilution d'huile : Se reporter à l'A.P. 2095. [46] La période de dilution d'huile est de :

Une minute aux températures jusqu'à -10°C.

Deux minutes aux températures inférieures à -10°C.

---

[46] Air Publication 2095 "*Pilots Notes General*" : Notes Générales pour les Pilotes, publiées pour la première fois en juin 1941, puis révisées en avril 1943, 1946, 1949, etc.

PARTIE III
CARACTÉRISTIQUES D'UTILISATION

58. Caractéristiques du moteur, MERLIN 21, 23 ou 25

(i)   <u>Carburant</u> : Essence à indice d'octane 100 seulement.

(ii)   <u>Huile</u> : Voir l'A.P.1464/C.37.

(iii)   Les principales limitations du moteur sont les suivantes :

	£	tr/min	Pression d'admission en lb./sq.in. *(mbar)*	Température en °C — Liquide de refroidisse-ment	Huile
MAX. DÉCOLLAGE jusqu'à 1.000 pieds *(300 m)*	M	3.000	+14 *(+965)* *†		
MONTÉE MAX. CONTINU LIMITE 1 HEURE	M S	2.850	+9 *(+621)*	125	90
MAX. CONTINU	M S	2.650	+7 *(+483)* **	105 <u>115</u>	90
MAX. MÉLANGE PAUVRE CONTINU (MERLIN 21 seulement)	M S	2.650	+4 *(+276)*	105 <u>115</u>	90
MAX. COMBAT	M	3.000	+14 *(+965)* *†	135	105
LIMITE 5 MINUTES	S	3.000	+16 *(+1.103)* *†	135	105

NOTE : Les températures soulignées peuvent être employées si nécessaire pendant de courtes périodes.

£ Rapport des compresseurs.

* Moteurs Merlin 21 et 23 uniquement.

† Pression d'admission de +18 lb./sq.in. *(+1.241 mbar)* pour les moteurs Merlin 25 uniquement.

** Sur les moteurs MERLIN 23 et 25, le mélange pauvre est obtenu aux pressions d'admissions inférieures à +7 lb./sq.in. *(+483 mbar)*. Sur les moteurs MERLIN 21, le mélange s'enrichit progressivement au-dessus de +4 lb./sq.in. *(276 mbar)*.

<u>PRESSION D'HUILE</u> :
    NORMALE   .. 60 - 80 lb./sq.in. *(4,1 à 5,5 bars)*.
    MINIMALE   ..   45 lb./sq.in. *(3,1 bars)*.

TEMPÉRATURES MINIMALES POUR LE DÉCOLLAGE :
HUILE   ..   .. 15°C
LIQUIDE DE REFROIDISSEMENT   .. 60°C

(iv)   Pression du carburant : 6 à 10 lb./sq.in. *(414 à 689 mbar)*.

(v)   Température du carburant : Il faut s'efforcer autant que possible de maintenir le carburant dans l'avion et dans les réservoirs de stockage froid en protégeant l'aile et les réservoirs de stockage des rayons directs du soleil. Si ce n'est pas le cas, le carburant va probablement s'évaporer dans les canalisations aux altitudes élevées.

59. Corrections des erreurs de position

Les corrections pour l'erreur de position sont les suivantes :

Au décrochage (volets hypersustentateurs rétractés ou abaissés)	Soustrayez 9 m.p.h. (8 nœuds - *14,5 km/h*)
De 150 à 350 m.p.h. (130 à 305 nœuds - *241 à 563 km/h*) au badin	Soustrayez 2 m.p.h. (2 nœuds - *3,2 km/h*)
Au-dessus de 350 m.p.h. (305 nœuds - *563 km/h*) au badin	Soustrayez 4 m.p.h. (4 nœuds - *6,4 km/h*)

60. Limites de pilotage

(i)   L'avion est conçu pour les missions de chasse de nuit. La mise en vrille intentionnelle est interdite. Il faut être prudent lors des ressources qui suivent un piqué *[pour ne pas imposer des efforts trop violents à la structure]*. Aux vitesses élevées, l'emploi brutal de la gouverne de direction, et de grands angles de lacet, doivent être évités.

(ii)   La voltige est autorisée pour les pilotes expérimentés sur ce modèle aux masses inférieures à 19.100 livres *(8.664 kg)*.

(iii)   Vitesses maximales (au badin) :

	m.p.h.	nœuds	*km/h*
Piqué	450	390	*724*
Train d'atterrissage en position basse	180	157	*290*
Volets hypersustentateurs abaissés	150	130	*241*

(iv)   Masses maximales :

	livres	*kg*
Décollage et vol normal	22.000	*9.979*
Tous régimes de vol	19.100	*8.664*
Atterrissage	20.500	*9.299*

61. **Performance maximale**

(i) <u>Montée</u> :

(a) Les vitesses au badin pour le taux maximal de montée sont les suivantes :

	m.p.h.	nœuds	*km/h*
Du niveau de la mer à 20.000 pieds *(6.100 m)*	170	148	*274*
De 20.000 à 25.000 pieds *(6.100 à 7.620 m)*	165	143	*266*
Au-dessus de 25.000 pieds *(7.620 m)*	160	139	*257*

(b) Réglez les tr/min à 2.850, les manettes des gaz sur la butée, et le commutateur de changement de rapport des compresseurs sur AUTO.

(ii) <u>Combat</u> :

Placez le commutateur des compresseurs sur AUTO.

Réglez les tr/min à 3.000.

Réglez les manettes des gaz sur la butée de montée, le dispositif d'arrêt de la régulation de la pression d'admission étant tiré.

62. **Distance franchissable maximale**

<u>Montée</u> : Avec des moteurs MERLIN 21, volez à une pression d'admission de +4 lb./sq.in. *(276 mbar)* ; de +7 lb./sq.in. *(+483 mbar)* avec des moteurs MERLIN 23 ; et 2.650 tr/min à environ 175 m.p.h. au badin (152 nœuds – *282 km/h)*. Placez le commutateur de changement de rapport des compresseurs sur AUTO.

<u>Croisière</u> :

(a) Volez à une pression d'admission de +4 lb./sq.in. *(+276 mbar)* (si possible) et 2.000 tr/min. Placez le commutateur de changement de rapport des compresseurs sur MOD. Pour la distance franchissable maximale ne réduisez pas la pression d'admission même si ces réglages de moteur donnent des vitesses au-dessus de la vitesse recommandée citée au sous-paragraphe *(b)*. Si la vitesse tombe au-dessous des vitesses recommandées augmentez les tr/min autant que nécessaire pour maintenir ces vitesses.

(b) Les vitesses recommandées au badin pour la plus grande distance franchissable sont les suivantes :

	Vol aller (À pleine charge)	Vol retour (Légèrement chargé)
Jusqu'à 26.000 pieds *(7.925 m)*	220 m.p.h. (191 nœuds - *354 km/h)*	210 m.p.h. (182 nœuds - *338 km/h)*
Au-dessus de 26.000 pieds *(7.925 m)*	-	190 m.p.h. (165 nœuds - *306 km/h)*

(c) Si la vitesse recommandée ne peut pas être obtenue à 2.600 tr/min sur MOD, changez sur AUTO.

63. **Capacité et consommations de carburant**

(i) <u>Capacité d'emport de carburant</u> :

(a) <u>Versions Mark II, XII et XVII</u> :

	en gallons *(et en litres)*
ALIMENTATION PRINCIPALE	287 *(1.305)*
RÉSERVOIRS sections extérieures	116 *(527)*
Total des réservoirs permanents	**403 *(1.832)***
Réservoirs grande distance (fuselage)	150 *(682)*
Capacité totale de carburant avec les réservoirs du fuselage	**553 *(2.514)***

(b) <u>Versions Mark XIII et XIX</u> :

	en gallons *(et en litres)*
ALIMENTATION PRINCIPALE	337 *(1.532)*
RÉSERVOIRS sections extérieures	116 *(527)*
Total des réservoirs permanents	**453 *(2.059)***
Si emportés :	
Réservoir grande distance (fuselage)	63 *(286)*
Réservoirs largables (en bois) **[A]**	100 *(455)*
Réservoirs largables (métalliques) **[B]**	84 *(382)*
Capacité totale de carburant avec [A]	**616 *(2.800)***
Capacité totale de carburant avec [B]	**600 *(2.728)***

(ii) La consommation totale de carburant sur la plage de mélange pauvre aux altitudes moyennes et élevées est la suivante :

Pression d'admission en lb./sq.in. *(mbar)*	Tr/min					
	2.650		2.300		2.000	
	Gal./hr	*Litres/hr*	Gal./hr	*Litres/hr*	Gal./hr	*Litres/hr*
+7 *(+483)* *	130 *	*591* *	115 *	*523* *	106 *	*482* *
+4 *(+276)*	114	*518*	102	*464*	94	*427*
+2 *(+138)*	106	*482*	94	*427*	86	*391*
0	96	*436*	86	*391*	78	*355*
- 2 *(-138)*	86	*391*	78	*355*	70	*318*
- 4 *(-276)*	76	*346*	68	*309*	62	*282*

* Moteurs Merlin 23 et 25.

Ces valeurs sont approximativement constantes entre 8.000 et 20.000 pieds *(2.440 et 6.100 m)* sur le rapport M et entre 14.000 et 30.000 pieds *(4.270 et 9.145 m)* sur le rapport S.

(iii)   La consommation totale de carburant sur la plage de mélange pauvre
         à 2.000 pieds *(610 m)* est la suivante :

Pression d'admission en lb./sq.in. *(mbar)*	Tr/min					
	2.650		2.300		2.000	
	Gal./hr	*Litres/hr*	Gal./hr	*Litres/hr*	Gal./hr	*Litres/hr*
+7 (+483) *	126 *	*573 *	112 *	*509 *	102 *	*464 *
+4 *(+276)*	106 [47]	*482*	94	*427*	86	*391*
+2 *(+138)*	94	*427*	84	*382*	78	*355*
0	84	*382*	74	*336*	74	*336*
- 2 *(-138)*	74	*336*	66	*300*	62	*282*
- 4 *(-276)*	66	*300*	60	*273*		

* Moteurs Merlin 23 et 25.

(iv)   La consommation totale de carburant dans les concentrations de
        mélange riche est approximativement la suivante :

Pression d'admission en lb./sq.in. *(mbar)*	Tr/min	Gallons/heure	*Litres/heures*
+14 *(+965)*	3.000	250	*1.137*
+12 *(+827)*	3.000	230	*1.046*
+9 *(+621)*	2.850	190	*864*
+7 *(+483)* *	2.650 *	160 *	*728 *

* Moteurs Merlin 21 seulement.

---

[47]   La valeur indiquée ici était de 100 gallons/heure dans le document original (toutes
       révisions). Par comparaison avec les Notes à l'intention des Pilotes du Mosquito B IV
       qui avait une motorisation identique, il semble que ce chiffre soit une erreur de frappe,
       la valeur correcte étant 106 gallons/heure.

PARTIE IV
SITUATIONS D'URGENCE

64. **Panne moteur durant le décollage**

(i) La vitesse de sécurité est 170 m.p.h. (148 nœuds - *274 km/h*) au badin.

(ii) Si la vitesse de sécurité a été atteinte, l'avion pourra monter sur un seul moteur à condition que les volets hypersustentateurs soient relevés. Placez la manette des gaz du moteur valide sur la butée et tirez le dispositif d'arrêt de la régulation de la pression d'admission si l'avion est à pleine charge. Mettez l'hélice du moteur en panne en drapeau, fermez la manette des gaz, et fermez le volet du radiateur.

(iii) La montée sur le moteur gauche est habituellement meilleure que sur le moteur droit.

65. **Panne moteur en vol**

(i) Mettez l'hélice du moteur en panne en drapeau, fermez la manette des gaz, et fermez le volet du radiateur.

(ii) Surveillez la température du moteur valide et ouvrez le volet du radiateur si nécessaire.

(iii) Maintenez au moins 170 m.p.h. (148 nœuds - *274 km/h*) au badin, et jusqu'à 200 m.p.h. (174 nœuds - *322 km/h*) au badin si possible, à 2.650 tr/min et à une pression d'admission inférieure à +7 lb./sq.in. *(+483 mbar)*. Par conditions météorologiques défavorables et charges élevées, il peut être nécessaire d'employer une pression d'admission de +9 lb./sq.in. *(+621 mbar)* et 2.850 tr/min. Le vol en palier doit être possible à n'importe quelle charge aux altitudes inférieures à 12.000 pieds *(3.660 m)*.

66. **Atterrissage sur un moteur**

(i) Il faut se rappeler que, à cause de l'importante trainée du train d'atterrissage, de l'altitude sera perdue rapidement quand il est abaissé.

(ii) Les phases initiales de l'approche doivent être faites à une vitesse d'au moins de 150-160 m.p.h. (130-140 nœuds - *241-257 km/h*) au badin avec le train d'atterrissage abaissé et les volets hypersustentateurs descendus de 15°.

(iii) L'approche finale doit être faite sans moteur à la vitesse normale de vol plané, c.-à-d. au moins 140 m.p.h. (122 nœuds - *225 km/h*) au badin.

(iv) Faire un nouveau circuit n'est possible que si la décision est prise lors des phases initiales de l'approche, et avec au moins une altitude disponible de 500 pieds *(150 m)* pour permettre le relevage des volets hypersustentateurs et du train d'atterrissage et d'augmenter la vitesse.

67. **Mise en drapeau**

(i) Conservez le bouton enfoncé uniquement le temps d'être sûr qu'il va rester ainsi de lui-même ; puis relâchez-le de façon à ce qu'il puisse revenir à sa position initiale lorsque la mise en drapeau est terminée.

(ii) Fermez la manette des gaz immédiatement.

(iii) Coupez *[l'allumage]* seulement quand le moteur s'est arrêté, et fermez le volet du radiateur.

68. **Dévirage**

(i) Réglez la manette des gaz fermée ou légèrement ouverte, la commande de l'hélice complètement en arrière et alimentez les magnétos.

(ii) Enfoncez le bouton jusqu'à ce que les tr/min atteignent 1.500 à 1.800.

(iii) Si l'hélice ne repasse pas en régulation à vitesse constante, ouvrez légèrement la manette des gaz.

69. **Opération de secours de train d'atterrissage et des volets hypersustentateurs**

(i) <u>Les voyants rouges de l'indicateur s'éteignent mais les voyants verts de l'indicateur ne s'allument pas après avoir sélectionné la position DOWN du train d'atterrissage</u> : Pour vérifier si les verrouillages de position basse sont engagés et que ce sont les voyants de l'indicateur qui sont en panne, re-sélectionnez la position DOWN. Le levier sélecteur du train d'atterrissage doit revenir au point mort immédiatement si les verrouillages sont engagés. Si le klaxon d'avertissement ne retentit pas quand les manettes des gaz sont fermées, l'avion devrait être en condition correcte pour atterrir.

(ii) <u>Si le train d'atterrissage s'est abaissé mais n'est pas verrouillé en position basse</u> : Si le klaxon d'avertissement retentit quand les manettes des gaz sont fermées mais que le sélecteur du train d'atterrissage est revenu au point mort, abaissez d'abord les volets hypersustentateurs. Conservez ensuite la pression dans les vérins en maintenant le sélecteur sur la position DOWN jusqu'à ce que l'atterrissage soit terminé et que les atterrisseurs puissent être verrouillés par le personnel au sol. Si possible, évitez d'employer les freins. N'essayez pas de rouler au sol, ne tournez pas, et ne relevez pas les volets hypersustentateurs.

(iii) <u>Si le train d'atterrissage ne s'abaisse pas du tout à l'aide des pompes entrainées par les moteurs</u> :
(a) Laissez le sélecteur du train d'atterrissage au point mort.
Placez le sélecteur de secours sur la position DOWN.
Activez la pompe manuelle jusqu'à ce que l'indicateur prouve que les roues sont verrouillées en position basse ; ou qu'une résistance très importante soit ressentie durant plusieurs coups de pompe.

(*Se reporter au* sous-paragraphe iii (d) pour la procédure à suivre si les verrouillages de position basse ne s'engagent pas).

NOTE : Ceci n'abaissera pas la roulette de queue.

(b) Ramenez le sélecteur de secours au point mort. [48]
Placez le sélecteur des volets hypersustentateurs sur la position DOWN et activez la pompe manuelle jusqu'à ce que l'indicateur de position des volets hypersustentateurs prouve qu'ils sont abaissés de 30°, puis ramenez le sélecteur au point mort.

NOTE : Si les volets hypersustentateurs ne descendent pas, l'approche doit être faite à 140 m.p.h. au badin (122 nœuds - *225 km/h*).

(c) Placez le sélecteur du train d'atterrissage sur la position DOWN, et essayez d'abaisser la roulette de queue avec la pompe manuelle, par le circuit normal. Comme il n'y a aucune indication que la roulette de queue s'est abaissée, il est recommandé d'atterrir sur l'herbe.

(d) Si les verrouillages en position basse du train d'atterrissage ne se sont pas engagés, après avoir essayé d'abaisser les volets hypersustentateurs et la roulette de queue comme décrit en (b) et (c), poussez le sélecteur de secours sur la position DOWN et activez la pompe manuelle jusqu'à ce que l'atterrissage soit terminé.

70. **Extincteurs** : Les boutons des extincteurs Graviner des moteurs (61) sont sur la boîte de jonction B sur la paroi de droite. Les extincteurs Graviner fonctionnent automatiquement en cas d'un accident. Un extincteur portable est monté à la droite du siège du Pilote.

71. **Sortie en parachute** : Par la porte d'entrée principale. Pour la larguer, tirez la poignée rouge (48) sur la porte et poussez-la dehors. Ne touchez pas la poignée normale. Mettez l'hélice droite en drapeau si possible.

72. **Parachutes** : Un parachute de poitrine est prévu pour l'Observateur.

73. **La hache** est rangée sur le dossier du siège du Pilote.

74. **La trousse de premiers soins** est rangée sous le siège du Pilote.

75. **Sortie en cas d'accident** : Panneau du toit : Tirez le levier rouge vers le bas devant le panneau et poussez le panneau vers l'extérieur.

---

[48] Le document original indique de ramener le sélecteur de secours sur la position "neutre" (point mort), mais ceci semble être une confusion avec le sélecteur normal. Le sélecteur de secours n'a que deux positions : relevé (pour utiliser le système normal) et abaissé (pour utiliser le système de secours). Ici, il serait logique qu'il soit relevé sur sa position normale.

76. **Amerrissage**

   (i)   L'avion a été amerri avec succès de jour, mais si possible il est recommandé de sauter en parachute plutôt que d'amerrir.

<u>Pour l'amerrissage</u> :

   (ii)   Larguez le panneau du toit mais gardez la trappe d'entrée fermée.

   (iii) Abaissez les volets hypersustentateurs de 25°.

   (iv) Si un moteur est en panne, l'approche finale doit être faite sans moteur.

77. **Canots de sauvetage** [49]

   (i)   Un canot de sauvetage de type C est prévu pour l'Observateur.

   (ii)   Un dinghy type K dans un pack de type A est prévu pour le Pilote.

   (iii) Sur certains avions, un canot de sauvetage de type L avec un paquetage de survie est rangé dans le fuselage au-dessus de la section centrale de l'aile. Pour libérer le canot, tirez la commande de largage sur le toit du poste de pilotage derrière la tête du pilote. Un détecteur d'immersion pour gonfler le canot automatiquement est également installé.

---

[49]   Dinghy K : canot de sauvetage gonflable individuel, développé initialement pour les pilotes de chasse. Dans les avions multiplaces, il est prévu pour être accroché au harnais de parachutage si l'équipage évacue l'avion en parachute au-dessus de la mer. Pour distinguer ici le canot de sauvetage collectif (type L circulaire à deux places ; type C triangulaire à trois places) des canots individuels (type K), le terme "dinghy" a été utilisé pour ces derniers.

PARTIE V – ILLUSTRATIONS

LÉGENDE DE LA FIGURE 1 - TABLEAU DE BORD

1. Interrupteurs des phares d'atterrissage.
2. Thermomètres du liquide de refroidissement.
3. Thermomètres d'huile.
4. Manomètres d'huile.
5. Manomètres de la pression d'admission.
6. Voyants d'alarme de la pression du carburant.
7. Compte-tours des moteurs.
8. Dispositif d'arrêt de la régulation de la pression d'admission.
9. Éclairage du tableau de bord.
10. Collimateur.
11. Panneau de vol aux instruments.
12. Interrupteurs des volets des radiateurs.
13. Commande et indicateur du compensateur de la gouverne de direction.
14. Coupe-circuit des appareils électriques.
15. Interrupteurs des magnétos.
16. Boutons des démarreurs électriques des moteurs.
17. Boutons de la bobine de démarrage.
18. Voyant témoin de la pompe immergée du carburant.
19. Boutons de mise en drapeau des hélices.
20. Buse de ventilation.
21. Indicateur de position du train d'atterrissage.
22. Indicateur de position des volets hypersustentateurs.
23. Levier sélecteur du train d'atterrissage.
24. Levier sélecteur des volets hypersustentateurs.
25. Coupe-circuit principal des armes de bord.
26. Commande et indicateur des compensateurs des ailerons.
27. Pompe de dégivrage du pare-brise.
28. Bouton de mise en marche de la cinémitrailleuse.
29. Commande de tir des mitrailleuses.
30. Gâchette de tir des canons.
31. Manche à balai.
32. Levier de commande des freins.
33. Commande du frein de parc.
34. Manomètre triple.
35. Détendeur d'oxygène Mark VIII.

| FIG. 1 | TABLEAU DE BORD [50] | FIG. 1 |

---

[50] On notera que cette photographie a été prise après démontage du matériel radar qui se trouvait en face du siège du Navigateur.

48

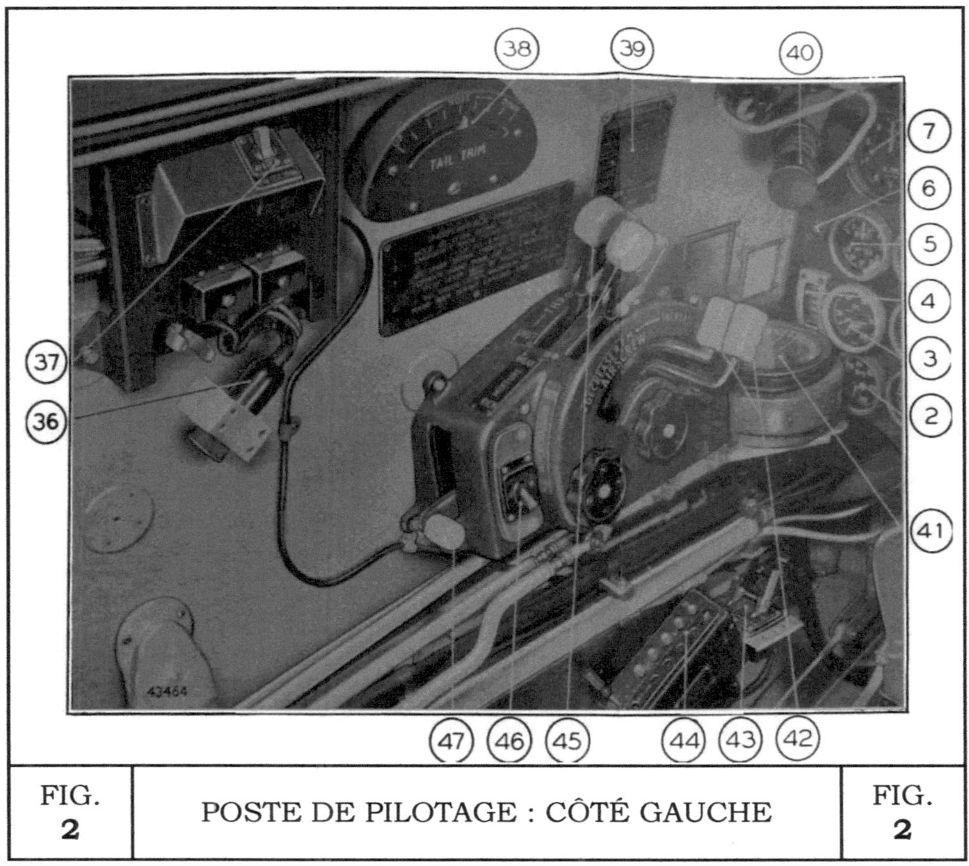

| FIG. 2 | POSTE DE PILOTAGE : CÔTÉ GAUCHE | FIG. 2 |

LÉGENDE DE LA FIGURE 2 : POSTE DE PILOTAGE : CÔTÉ GAUCHE

 2. Thermomètres du liquide de refroidissement.
 3. Thermomètres d'huile.
 4. Manomètres d'huile.
 5. Manomètres de la pression d'admission.
 6. Voyants d'alarme de la pression du carburant.
 7. Compte-tours des moteurs.
36. Prise de l'intercom.
37. Interrupteur d'approche radioguidée.
38. Indicateur des compensateurs des gouvernes de profondeur.
39. Plaque des limites d'emploi des moteurs.
40. Lampe du compas.
41. Compas.
42. Leviers de commande de vitesse des hélices.
43. Commutateur de sélection du poste radio.
44. Boitier de commande de la radio.
45. Manettes des gaz.
46. Commutateur de changement de rapport des compresseurs.
47. Levier de commande du mélange (verrouillé sur la position PAUVRE).
48. Poignée de largage d'urgence de la porte.
49. Boitier d'identification et manipulateur morse.
50. Interrupteur des lampes pour se faire reconnaitre.
51. Commutateur de sélection des lampes pour se faire reconnaitre.
52. Interrupteur de la cinémitrailleuse.
53. Interrupteurs des feux de navigation.
54. Interrupteur de l'éclairage ultraviolet.
55. Interrupteur du chauffage de la sonde Pitot.
56. Interrupteur de la pompe immergée du carburant (si installée).

LÉGENDE DE LA FIGURE 3 : POSTE DE PILOTAGE : CÔTÉ DROIT

57. Interrupteur du générateur (inopérant).
58. Interrupteur du phare de navigation.
59. Interrupteur de l'I.F.F.
60. Boutons du détonateur de destruction de l'I.F.F.
61. Boutons d'extincteur.
62. Jauges du carburant.
63. Thermomètre de l'air.
64. Vanne principale haute pression de l'oxygène.
65. Détendeur d'oxygène Mark VIII.
66. Commande de la ventilation.
67. Rangement pour le pistolet de signalisation
68. Rangement pour les cartouches de signalisation.
69. Rhéostat de l'essuie-glace du pare-brise.
70. Voyant d'alarme du générateur.
71. Voltmètre.

| FIG. 3 | POSTE DE PILOTAGE : CÔTÉ DROIT | FIG. 3 |

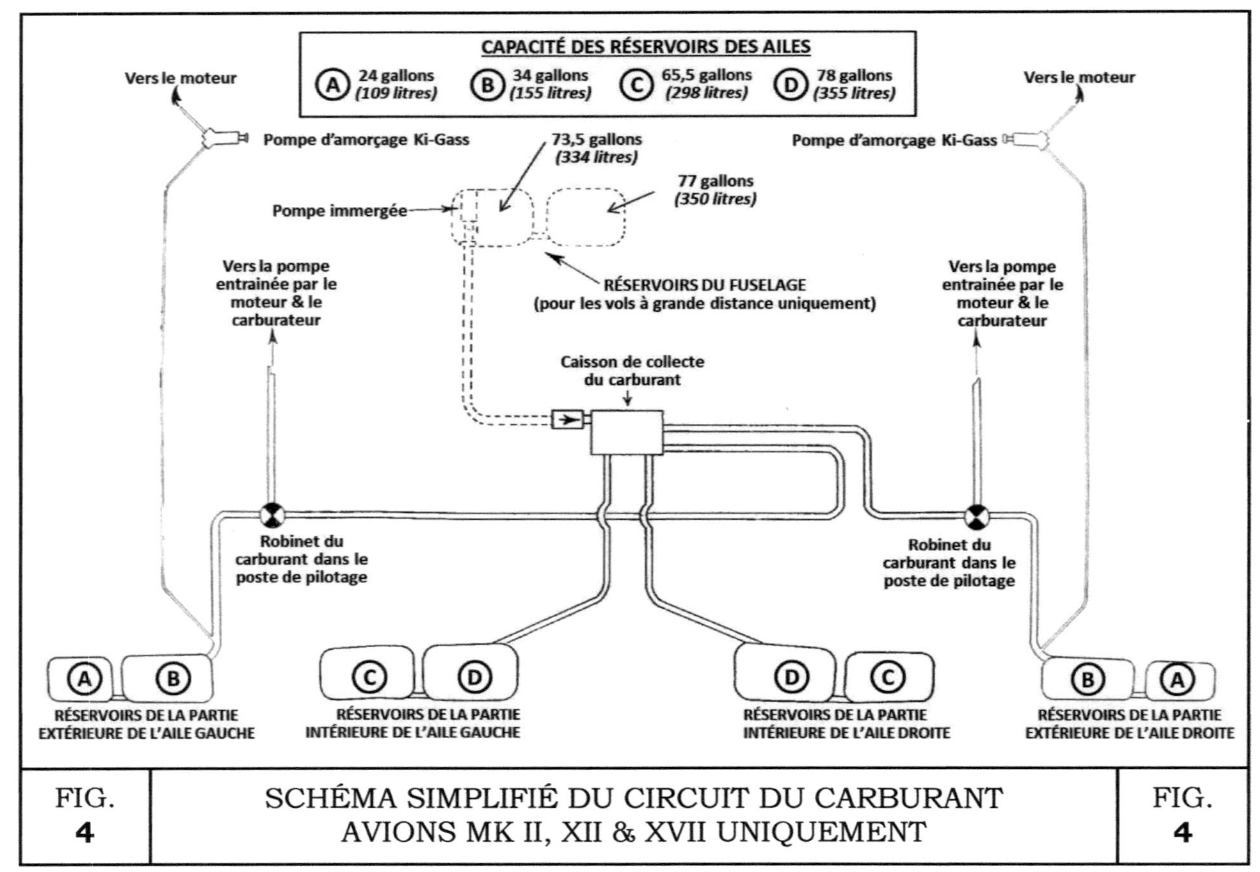

FIG. 4 — SCHÉMA SIMPLIFIÉ DU CIRCUIT DU CARBURANT AVIONS MK II, XII & XVII UNIQUEMENT — FIG. 4

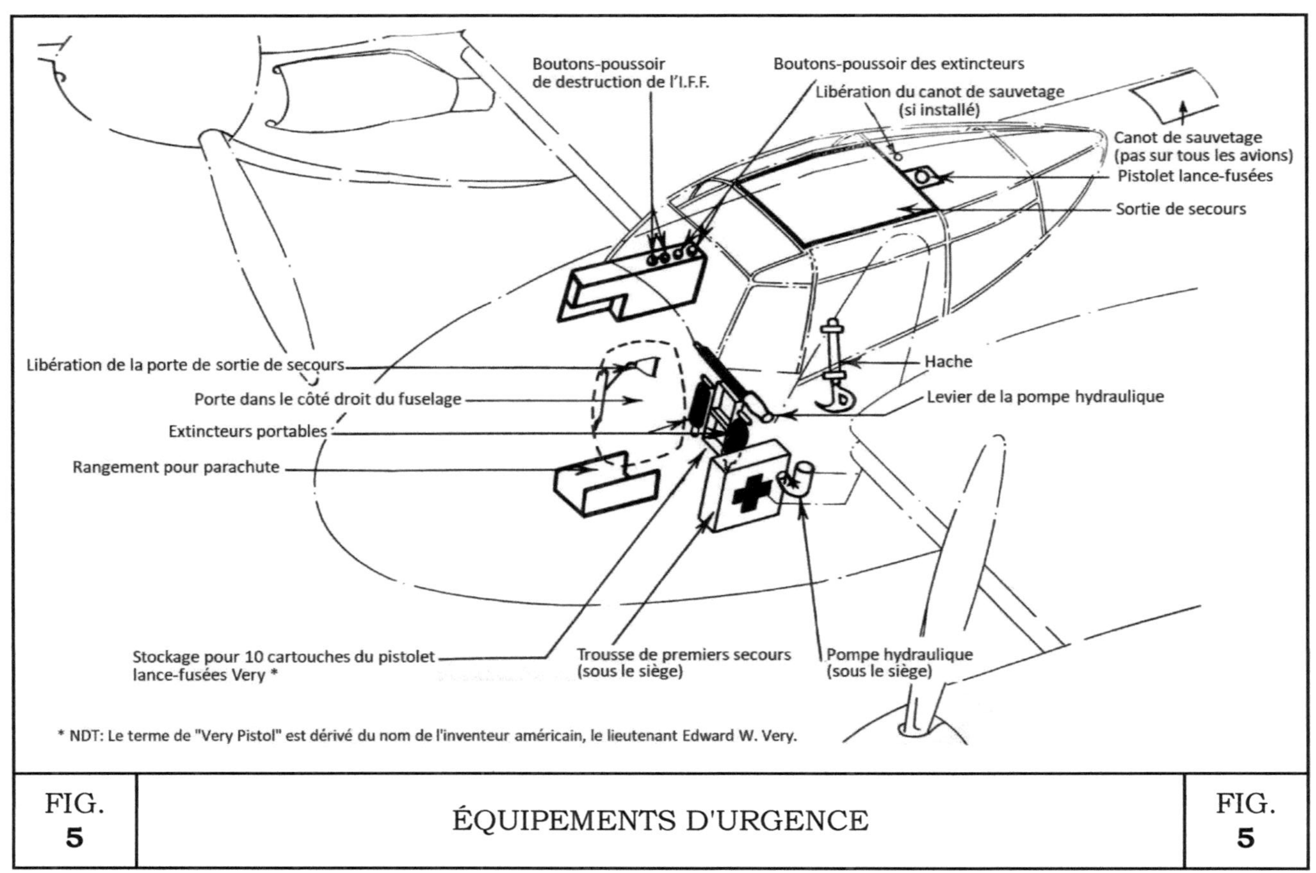

FIG.
5

ÉQUIPEMENTS D'URGENCE

FIG.
5

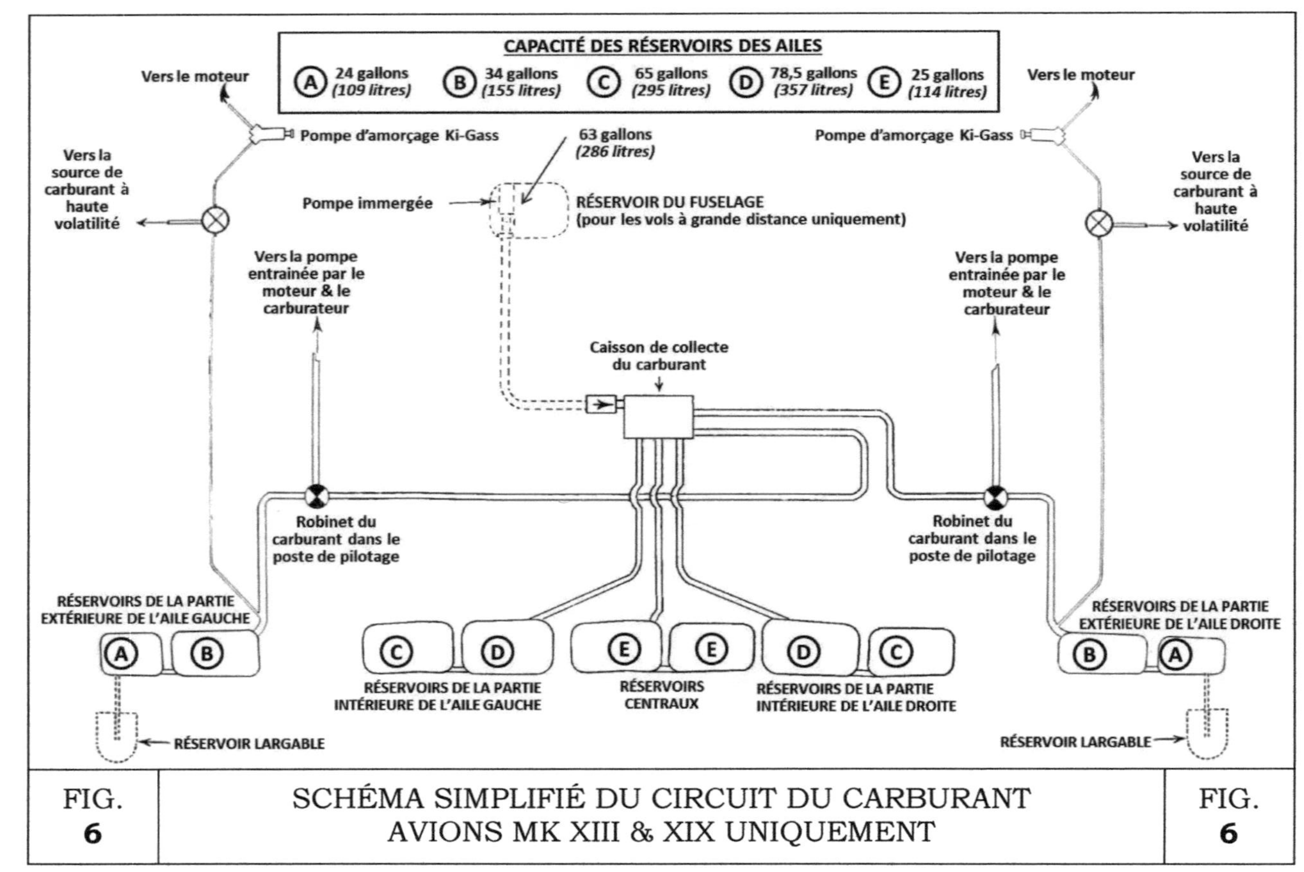

FIG. 6

SCHÉMA SIMPLIFIÉ DU CIRCUIT DU CARBURANT
AVIONS MK XIII & XIX UNIQUEMENT

FIG. 6

BIBLIOGRAPHIE SOMMAIRE SUR LE MOSQUITO ET SUR LES RADARS AIR-AIR

Les livres sur le Mosquito sont nombreux. Une sélection d'exemples est listée ci-après. Un court commentaire en italique donne quelques impressions de lecture.

BIRTLES, Philip. **Mosquito: the illustrated history**. Sutton Pub. 1998. ISBN 978-0750914956. *Un autre très bon livre sur la "merveille en bois".*

BISHOP, Edward. **The wooden wonder**. M. Parrish, 1959. ISBN 978-0906393048.

BLANCHARD, Yves. **Le radar 1904-2004 : histoire d'un siècle d'innovations techniques et opérationnelles**. Ellipses, 2004. ISBN 978-2729818029. *Un excellent livre comme on en compte malheureusement peu en français sur un sujet technique. Yves Blanchard se met au niveau de lecteurs non spécialistes des ondes électromagnétiques et suit méthodiquement une trame chronologique qui permet de bien mesurer les progrès parallèles des différents belligérants.*

BOWEN, E. G. **Radar days.** CRC Press. 1998. ISBN 978-0750305860. *Témoignage de l'un des acteurs principaux du développement de solutions pratiques d'emploi des radars embarqués.*

FAIRBAIRN, Tony. **The Mosquito in the USAAF : De Havilland's wooden wonder in American service**. Air World, 2021. ISBN 978-1399017336.

FALCONER, Jonathan. **De Havilland Mosquito manual**. Haynes. 2013. ISBN 978-0857333605. *Un livre bien écrit mais décevant sur le plan technique : il n'y a, par exemple, qu'une seule page en annexe donnant les performances des versions F II et B XVI ; les autres versions sont purement et simplement ignorées.*

GIL, Frédéric. **Chasseurs de nuit et *Intruders* de la Royal Air Force contre la Luftwaffe : La première guerre électronique aérienne, 1939 - 1945**. BoD. 2025. ISBN 978-2322540396.

JACKSON, A. J. **De Havilland aircraft since 1909**. Putnam Aeronautical. 2003. ISBN 978-0851778020.

NELSON, Mark. **Mosquito**. Midland. 2012. ISBN 978-1857803341. *Un livre grand format, très bien illustré et couvrant bien le sujet.*

SHARP, Cecil Martin et BOWYER, Michael John Frederick. **Mosquito**. Crecy Books, 1997. ISBN 978-0947554415. *Probablement le livre le plus complet sur cet avion.*

SIMONS, Graham M. **Mosquito : the original multi-role combat aircraft**. Arms & Armour Press. 1990. ISBN 978-0853689959. *Un livre détaillé, bien recherché, donnant les performances de chaque variante de cet avion, ce qui n'est pas un petit travail.*

WHITE, Ian. **The history of air intercept (AI) radar and the British night-fighter 1935 - 1959**. Pen & Sword Aviation. 2007. ISBN 978-1-84415-532-3. *Probablement le meilleur livre en anglais sur la chasse de nuit, consacrant plus de place aux aspects techniques que les traditionnels ouvrages narratifs.*

QUELQUES TITRES DE CETTE SÉRIE

Utilisation principale	Avion
Formation	Tiger Moth II Harvard III (AT-6)
Chasseur et **chasseur-bombardier**	Spitfire I ; Spitfire F.IX, PR.XI & LFXVI Mosquito FII, NF: XII, XIII, XVII & XIX Havoc II (A-20) ; Typhoon IAB Airacobra I (P-39) Tomahawk I & II (P-40) Thunderbolt I & II (P-47) Beaufigther VI, TFX & TFXI Hurricane I et Sea Hurricane I Mohawk IV (P-36) Mustang III & IV (P-51) Meteor III ; Vampire F1
Bombardement	Lancaster I, III, X Halifax II & V Mitchell II (B-25) Fortress GRIIA, GRII & III, BII &III (B-17)
Planeur de combat ou **transport de parachutistes**	Dakota I, III & IV (C-47) Hadrian I (CG-4A) Hamilcar I Horsa I & II
Aéronavale et **surveillance maritime**	Corsair I à IV (F4U, F3A & FG-1) Hellcat I & II (F6F) Martlet II & III (F4F Wildcat) Avenger I, II & III (TBF & TBM) Swordfish I à IV Catalina I, IB, II & IV (PBY) Wellington III & X
Missions secrètes	Lysander III & IIIA